죄인 괴수에게 넘치는 은혜

C 규장 컨버전 북스(Kyujang Conversion Books)

말씀과 성령 없는 교회만큼 두려운 것은 '회개conversion 없는 구원'이다. 오늘 우리에게는 값싼 은혜, 싸구려 복음이 난무하고 있다. '안일한 믿음주의'easy believism가 회개 없는 기계적 입술의 영접만으로 신앙을 오염시키고 있다. 예수님의 공생애 첫 성봙은 "회개하라 천국이 가까웠다"마 4:17였으며, 교회를 태동시킨 오순절 베드로의 첫 설교도 "회개하라"행 2:38였다. 교회는 회개한 자들의 모임이어야 한다. 회개한 자들의 모임에 하나님나라천국가 임한다. 회개한 자들을 통해 세상에 하나님나라의 능력을 보여주는 것이 하나님의 계획이다. 오늘 한국 그리스도인들에게 기독교의 능력 중의 능력인 회개를 회복시키기 위해 가장 보석 같은 회개의 고전古典만을 엄선하여 '규장 컨버전 북스'총 7권 예정를 발간한다.

Originally published in English under the title of

GRACE ABOUNDING

To the Chief of Sinners

by John Bunyan

Copyright © 1993 by Whitaker House

Published by Whitaker House,
1030 Hunt Valley Circle, New Kensington, PA 15068, U.S.A.

죄인 괴수에게
넘치는 은혜

존 번연 지음 이길상 옮김

규장

당신은 얼마나 진지하게
회심을 추구했는가?

요즘 "묻지도 않고 따지지도 않는다"라는 광고 카피에서 따온 말이 유행하고 있다. 그런데 신앙생활에서조차 '묻지도 않고 따지지도 않고 무조건 믿기만 하는 것'이 믿음 좋은 것으로 치부되고 있다. 이런 맹목적 신앙은 사실상 마음의 게으름, 지성知性의 게으름에서 오는 '안일한 믿음주의'easy believism일 가능성이 높다. 이는 바로 '값싼 은혜', '싸구려 구원 신앙'으로 떨어지고 만다.

우리는 전도할 때 잠시 전도지를 읽어주고 영접기도를 따라하게 하고는 곧장 그 영혼의 구원을 선포해버린다. 전도 받는 자의 내면의 고투 과정을 간과한 채, 회심回心의 과정을 겪는지를 관찰하지 않은 채 구원의 인印을 함부로 쳐주고 있다.

확신을 위한 의심

오늘 우리의 신앙생활에서 안일한 믿음주의, 값싼 은혜, 싸구려 구원에 익숙한 자들은 위대한 청교도 신앙인이었던 존 번연이 《죄인 괴수에게 넘치는 은혜》에서 끊임없이 회의懷疑하는 가운데 자기 신앙을 시험하고 확인하는 자리에 이르려는 자세가 잘 이해되지 않을 것이다. '믿기만 하면 될 것을 웬 생고생을 그렇게 하는가?' 하고 단순하게 생각할 것이다.

그러나 이런 생각은 잘못되었다. 쉽게 믿은 자는 쉽게 무너진다는 것을 알아야 한다. 피상적인 믿음은 모래 위에 세운 집과 같다. 철학자 프랜시스 베이컨은 자신의 책 《배움의 진보》Advancement of Learning에서 이렇게 말했다.

"만약 확신에서 시작한다면 회의(의심)로 끝을 맺게 된다. 그러나 회의에서 시작한다면 확신으로 끝을 맺게 될 것이다."

회의주의skepticism에 빠져서는 안 되겠지만 정당한 회의(의심), 곧 계시의존사색에 의한 방편적 의심은 우리를 믿음의 자리, 즉 '배우고 확신하는 일'에 거하게 한다. 베뢰아 교인들의 자세가 바로 그랬다.

베뢰아 사람은 데살로니가에 있는 사람보다 더 신사적이어서
간절한 마음으로 말씀을 받고 이것이 그러한가 하여 날마다 성
경을 상고하므로 행 17:11

"이것이 그러한가 하여" 건설적인 의심을 하면서 성경을 상고하
여 확신의 자리에 이르고자 했던 베뢰아 교인들의 자세가 존 번연에
게 있었던 것이다. 오늘 계시의존사색을 싫어하여 쉽게 "믿습니다!"
를 남발하는 한국 그리스도인들에게 존 번연의 이런 진지한 자세는
많은 교훈을 줄 것이다.

영국 복음주의 신학의 거장토匡인 알리스터 맥그래스도 자신의 책
《회의에서 확신으로》(IVP 역간)에서 회의(의심)의 긍정적인 측면을 잘
다루고 있다.

"(정당한) 의심은 우리를 정신 잃게 하거나 당황하게 하는 것이 아
니라, 오히려 우리의 믿음과 지식을 자라게 하는 도구이다."

이 책 《죄인 괴수에게 넘치는 은혜》에서 존 번연이 회심의 과정에
서 끊임없이 한 회의를 이 관점에서 이해해야 할 것이다.

존 번연의 고백록

이 책은 존 번연의 솔직한 고백록이다. 이 책의 내용은 3단계로 기술되었다. 먼저 회심하기 전에 죄 가운데 빠져 지내던 모습이 가감없이 기록되어 있으며, 그 다음으로는 회심의 과정이 진술되어 있다. 마지막으로 회심 후에 겪은 시련과 결단이 세밀하게 묘사되어 있다 (이 책에서 가장 많은 부분을 할애한다). 이 마지막 단계에서 두려운 시험의 물결에 휩쓸려 약 2년 반의 세월을 괴로워하다가 자신이 그리스도를 팔았다는 자책감에서 절정에 이르지만, 번연은 이 시험을 뚫고 일어나 마침내 은혜에 대한 확신을 갖게 된다. 그 확신은 성도들이 새 예루살렘에 들어가는 감격적인 이상異像으로 표현된다.

번연의 초기 사역과 수감생활에 관한 이야기로 끝을 맺는 이 책은, 12년간의 수감생활(1660~1672년) 중 1666년에 기록되었다(그는 영국국교회 성직자 외에는 설교할 수 없다는 법조항을 어겼다는 이유로 투옥되었다. 영국국교회 신앙에 반기를 든 비국교도라며 핍박을 받은 것이다). 그리고 이 책이 기록된 지 12년 후인 1678년에 그의 불후의 명작《천로역정》이 출판되었다.

천로역정을 이해하는 데 꼭 필요한 서론

　그러면 이 책 《죄인 괴수에게 넘치는 은혜》와 《천로역정》의 상관관계는 무엇인가? 이 두 책은 공히 '회심'이라는 동일한 주제를 축으로 전개된다. 번연이 이해한 회심은 (후대의 복음주의자들이 이해한 것과 달리) 즉각적인 사건, 곧 영적 생활의 급격한 선회가 아니라, 길고 끈질긴 전진의 과정이다. 《천로역정》의 앞부분에서 주인공 '크리스천' Christian의 등에서 짐이 벗겨질 때, 회심의 드라마는 그 모든 고통스러운 역정을 마치는 게 아니라 그때부터 시작되었다. 이와 유사하게, 번연은 《죄인 괴수에게 넘치는 은혜》에서 자신이 선택받은 것을 확신하지만("이제 나에게는 내 구원이 하늘에서 왔다는 증거가 있고, 그 증거에 황금 도장이 수없이 찍혀 있는 것을 본다"), 그러고 난 후에 훨씬 더 심각한 시험과 절망의 위기를 맞는다.

　《천로역정》은 알레고리allegory의 가면을 쓰고 《죄인 괴수에게 넘치는 은혜》의 플롯을 재현한 작품인 것이다. 《죄인 괴수에게 넘치는 은혜》에 묘사된 환상의 순간들과 낙심의 기간들이 《천로역정》에서는 비유적인 용어들로 묘사된다. 이 책에 언급된 '벽에 난 좁은 틈'은 《천로역정》에서 무거운 짐을 진 크리스천이 통과해야 하는 '좁은 문'이 되고, 번연 자신의 '좌절'이라는 은유적 사슬이 '절망거인'Giant

Despair과 '의심의 성'Doubting Castle으로 전환되며, 번연이 베드포드 행정관들 앞에서 받은 재판은 '크리스천'과 '믿음'Faithful이 '허영의 시장'Vanity Fair에서 '선을 증오해 검사'Lord Hate-Good에게 받은 재판으로 길이 남는다. 그 자체로도 걸작인《죄인 괴수에게 넘치는 은혜》는《천로역정》을 이해하는 데 꼭 필요한 서론이다. 이 두 책은 자매편이라고 할 수 있다.

300여 년 동안 수많은 사람들을 진정한 회심의 길로 이끈 이 책이 당신의 회심 신앙의 기반을 굳건히 다져줄 것이다. 아무쪼록 이 책을 통해 죄인 괴수조차도 구원하시는 그리스도의 압도적인 은혜에 깊이 잠기기를 바란다.

규장 편집국장 **김응국** 목사

받은 은혜를 세어보아라!

여러분에게 은혜가 있기를 원합니다. 하나님께서는 여러분을 믿음과 거룩함으로 더욱 더 견고히 세워 여러분의 영원한 영적 안전을 아버지의 심정으로 염려하고 보살피도록 나에게 사명을 맡기셨으나, 나는 지금 타의에 의해 여러분을 떠나 결박당하여 사명을 감당하지 못하고 있습니다(번연은 옥중에서 이 글을 쓰고 있다 - 역자 주). 전에 헤르몬 산 꼭대기에서 그랬듯이, 이번에는 사자 굴과 표범산에서(아 4:8) 여러분 모두를 내려다보면서, 여러분이 사모하는 천국에 안전하게 도착하기를 갈망하고 있습니다.

하나님이 내게 역사하신 여정의 기록
내가 여러분을 기억할 때마다 하나님께 감사하고(빌 1:3) 광야에서 사자들의 이빨 사이에 끼었을 때조차 기뻐한 것은, 하나님이 여러분에게 주신 풍성한 믿음과 사랑과 함께 부어주신 은혜와 자비와 그리스도 우리 구주를 아는 지식 때문입니다. 여러분이 성자聖子 예수님 안에서 아버지를 더욱 깊이 알고 싶어 주리고 목마른 것, 마음이 온유하고 죄를 무서워하여 떠는 것, 하나님과 사람들 앞에서 근실하고 거룩한 생활을 하는 것이 내게는 여간 큰 기쁨이 아닙니다. 여러분은 우리의 영광이요 기쁨입니다(살전 2:20).

나는 이곳에서 여러분에게 사자의 시체에서 취한 꿀 한 단지를 밀봉하여 보내드렸습니다(삿 14:5-8 참조). 나 역시 그 꿀을 먹고 큰 활력을 얻었습니다(시험이 처음 우리 앞에 버티고 섰을 때는 삼손 앞에서 울부짖던 사자와 같습니다. 하지만 잘 참고 견디고 나서 보면, 그 속에 꿀이 고여 있는 것을 발견하게 됩니다). 블레셋 사람들(나를 핍박하는 사람들)은 나를 이해하지 못합니다(삿 14:14 참조).

내가 여러분에게 보내드린 꿀단지는 하나님이 처음부터 지금까지 내게 역사하신 여정의 기록입니다. 그것을 열어보면 내가 어떻게 던져지고 일으켜 세움을 받았는지 잘 알게 될 것입니다. 하나님이 상하게 하시더라도 친히 그분의 손으로 나를 다시 온전케 하신 것입니다(욥 5:18 참조). 성경은 이렇게 말씀합니다.

주의 신실을 아비가 그 자녀에게 알게 하리이다 사 38:19

바로 이러한 이유로 나는 시내산에 그토록 오래 있었습니다(신 4:10). 불과 구름과 흑암을 보고서 이를 자녀에게 숨기지 아니하고 여호와의 영예와 그 능력과 기이한 사적事績을 후대에 전하고 싶은 것입니다(시 78:3-5 참조).

첫사랑을 기억하라!

모세는 이스라엘 자손들이 애굽에서 나와 가나안 땅에 이를 때까지의 여정을 기록하면서, 그들에게 광야에서 보낸 40년의 세월을 잊지 말라고 명령했습니다.

> 네 하나님 여호와께서 이 사십 년 동안에 너로 광야의 길을 걷
> 게 하신 것을 기억하라 이는 너를 낮추시며 너를 시험하사 네
> 마음이 어떠한지 그 명령을 지키는지 아니 지키는지 알려 하심
> 이라 신 8:2

따라서 나는 그 일에 힘썼을 뿐 아니라 그것을 책으로 펴내기까지

했습니다. 혹시 하나님께서 허락하시면, 다른 이들도 하나님이 내게 역사하신 일을 보고 자신들에게도 역사하신 일을 기억나게 하려는 의도였습니다.

그리스도인은 영혼에 은혜를 받기 시작하던 시절을 될 수 있는 대로 자주 기억하는 것이 유익합니다.

> 이 밤은 그들을 애굽 땅에서 인도하여 내심을 인하여 여호와 앞에 지킬 것이니 이는 여호와의 밤이라 이스라엘 자손이 다 대대로 지킬 것이니라 출 12:42

다윗은 이렇게 말했습니다.

> 내 하나님이여 내 영혼이 내 속에서 낙망이 되므로 내가 요단 땅과 헤르몬과 미살산에서 주를 기억하나이다 시 42:6

다윗은 골리앗과 싸우러 나갈 때 사자와 곰도 기억했습니다(삼상 17:36,37 참조). 그것은 사도 바울에게도 친숙한 방식이었습니다(행 22장 참조). 그는 목숨을 내놓고 재판을 받을 때 재판장 앞에서도 입을 열어 자신의 회심回心을 증거했습니다(행 24장 참조). 바울은 자신이 처음 은혜를 받은 순간을 자주 기억하곤 했는데, 그 기억이 자신을 굳게 붙들어주는 것을 알았기 때문입니다. 하나님께서 이스라엘 자손이 홍해를 건너 광야 깊은 곳까지 인도하셨을 때에도 이스라엘 자손은 다시금 생각을 돌이켜 원수가 홍해에 빠져 죽던 날을 기억해야 했습니다(민 14:25 참조). 전에는 기쁨에 겨워 찬송을 드렸을지라도 곧 그 행사를 잊었기 때문입니다(시 106:12,13 참조).

내 이야기를 해놓은 이 책에서 여러분이 아주 많은 것을, 하나님이 내게 베푸신 풍성한 은혜를 남김없이 보실 수 있기를 바랍니다. 은혜를 귀하게 여길 수 있게 된 것에 하나님께 감사드립니다. 은혜는 내가 지은 죄들과 사탄의 유혹들보다 더 높기 때문입니다. 그렇게도 두렵고 의심 가득하고 암울했던 시절을 이제는 편안한 마음으로 회상할 수 있습니다. 그 시절은 이제 내 손에 들린 골리앗의 머리와 같습니다.

다윗에게는 골리앗의 칼과 같은 것이 없었습니다. 그래서 골리앗의 칼로 골리앗을 죽이고 머리를 베었던 것입니다(삼상 17:50,51). 다윗에게는 그 장면을 보고 기억하는 것 자체가 하나님이 자신을 건지셨음을 웅변으로 선포하는 것이었습니다. 나의 큰 죄악들, 큰 시험들,

영원한 멸망을 생각하고 두려워하고 전전긍긍하던 일들, 그것들이 하나도 사라지지 않고 또렷한 기억으로 되살아나 괴롭힙니다. 하지만 그 기억은 내가 얼마나 큰 도움을 받았는지, 하늘에서 얼마나 크게 붙들림을 받았는지, 나같이 비천한 자에게 하나님께서 얼마나 큰 구원의 은혜를 베푸셨는지를 생생하게 생각나게 합니다.

숨은 보화 찾기

옛날 곧 이전 해를 생각하고, 밤에 드렸던 노래와 마음으로 했던 묵상을 기억하시기 바랍니다(시 77:5-12 참조). 기억을 세밀히 살펴, 찾아보지 않은 부분이 하나도 남지 않도록 찾으십시오. 그곳에 보화가 감춰져 있기 때문입니다. 하나님이 여러분에게 베푸신 처음 은혜, 둘째 은혜의 보화조차 그곳에 고이 간직되어 있습니다.

처음 여러분을 붙들어주었던 말씀을 기억하십시오. 양심의 가책이 너무 심해 견딜 수 없던 순간, 죽음과 지옥이 너무 무서웠던 순간을 기억하십시오. 눈물로 하나님께 아뢰던 일, 어려운 고비마다 탄식하며 하나님의 자비를 구하던 일도 기억하십시오.

여러분에게는 기억할 만한 미살산 같은 것이 없습니까?(시 42:6 참조) 하나님이 여러분의 영혼을 찾아주셨던 골방과 일터 같은 곳이 없습니까? 하나님의 말씀, 주님이 여러분의 마음에 소망을 일으켜주셨던 말씀도 기억하십시오(시 119:49).

만약 빛에 대해 죄를 범했거나 하나님을 모독하려는 유혹이 마음에 어른거린다거나 지금 깊은 좌절에 빠져 있습니까? 혹 하나님이 여러분을 대적하신다는 생각이 들거나 하늘이 여러분의 눈에 감춰져 있다면, 주께서 그 모든 환난에서 여러분을 건지신 일들을 기억하십시오(딤후 3:11 참조).

있는 그대로의 이야기

내가 느낀 죄의 유혹과 그로 인해 겪은 고통을 좀 더 부풀려서 이야기할 수도 있었고, 하나님이 내 영혼에 베푸신 인애와 자비도 더 과장할 수 있었습니다. 지금까지 사용한 것보다 훨씬 더 격조 높은 문체로 내용을 더 근사하게 장식할 수도 있었습니다. 하지만 감히 그럴 엄두가 나지 않았습니다. 하나님이 내게 구원의 확신을 주신 것은 장난삼아 하신 일이 아니기 때문입니다. 마귀도 나를 장난삼아 유혹하지 않았습니다.

나 또한 그저 재미로, 바닥이 보이지 않는 깊은 구덩이에 빠져서 지옥의 절망과 고통을 맛본 것이 결코 아닙니다. 그러므로 어느 것도

부풀려서 이야기할 수가 없습니다. 다만 있는 그대로 꾸밈없이 진술
했습니다. 부디 평안하십시오.

사랑하는 여러분,
이 광야 같은 세상에는 젖과 꿀이 없습니다.
하나님께서 여러분에게 자비를 베푸셔서
열심을 품고 걸어가 약속의 땅을 차지하게 해주시기를 소망합
니다.

존 번연

차례 C O N T E N T S

이 세상 풍속을 좇아 사는
진노의 자녀였던 나

chapter 01

전에는… 육체와 마음의 원하는 것을 하여 다른 이들과 같이 본질상 진노의 자녀이었더니 엡 2:3

하나님 없이 살던 시절

하나님이 내 영혼에 행하신 자비로운 일을 술회하려는 순간, 먼저 나의 출신 배경과 성장 과정을 간단하게 소개하여 하나님이 내게 베푸신 인애와 호의를 사람들 앞에 더 높고 위대하게 드러내고자 한다.

우리 집안은 많은 사람들이 아는 것처럼 미천하고 보잘것없었다. 내 아버지는 가장 낮고 천한 집안에서 태어나, 나는 귀한 혈통이나 좋은 배경을 자랑할 것이 없다. 하지만 생각해보면, 이 문門을 통해서 나를 이 세상에 태어나게 하시고 복음으로 그리스도 안에 있는 은혜와 생명에 참여하게 하신, 위엄 있는 하늘 하나님께 감사드릴 수밖에 없다.

부모님은 사회적으로 낮은 계층에 속했지만, 하나님께서 나의 부모의 마음에 나를 학교에 보내라는 마음을 불어넣어주셨다. 나는 학교에 다니면서 다른 아이들에게 뒤지지 않게, 글을 읽고 쓰는 것을 배웠다. 하지만 부끄럽게도, 배운 것을 금방 잊거나 그마저도 까맣게 잊어버리고 말았다. 주께서 내 영혼에 회심回心을 일으키는 자비의 역사를 행하시기 아주 오래 전의 내 모습이 그랬다.

하나님 없이 세상을 살던 시절에 나는 과연 '이 세상의 풍속'을 좇아 사는 '본질상 진노의 자녀'였다(엡 2:2,3). "마귀의 올무"(딤후 2:26)에 사로잡혀 그의 뜻대로 하는 것이 내 인생의 낙이었다. 온갖 불의가 내 속에 충만하여 생각과 행동에 강하게 나타났다. 나는 어릴 때부터 저주와 맹세와 거짓말과 하나님의 거룩하신 이름을 모독하는 일에 타의 추종을 불허했다. 감수성이 예민하던 시기에는 더욱 그랬다. 이런 나쁜 짓들의 뿌리가 워낙 깊어서 후천적 본성처럼 굳어졌는데, 훗날 그 시절을 가만히 되돌아볼 때 '내가 한 행동들이 주님의 뜻을 이만저만 거스른 게 아니었구나' 하는 생각을 하게 되었다.

아직 어린아이일 때도 주님은 나를 무서운 꿈으로 공포에 떨게 하시고 섬뜩한 환상들로 겁을 먹게 하셨다. 하루를 죄 가운데 보내고 잠자리에 들었을 때, 꿈에 악귀들과 악령들이 나타나 몹시도 괴롭히고 두려움에 떨게 한 날이 참으로 많았다. 악귀들은 나를 붙잡아 어디론가 끌고 가려고 했고, 나는 그들을 도무지 뿌리칠 재간이 없었다.

그 시절에는 지옥 불로 당할 고통을 생각하며 몹시 고민하며 떨었는데, 끝내 지옥에 떨어져 흑암의 사슬과 밧줄에 결박당한 채 귀신들과 악귀들 틈에서 최후 심판을 기다리는 것이 꼭 내 운명일 것만 같아 더 몸서리치곤 했다. 아홉 살이나 열 살밖에 되지 않은 어린 나에게, 이런 생각은 너무 고통스러운 것이었다. 불량한 친구들 틈에서 의미 없는 놀이에 열중하는 동안에도 공포와 절망이 마음을 아프게 할 때가 많았다. 그런데도 나는 죄를 버리지 못했다. 영생과 천국에 대한 소망을 완전히 접고 지낸 터라 지옥이 없다면, 혹은 차라리 내가 악귀였다면 좋겠다는 생각을 하기도 했다. 어린 마음에 악귀들은 고통을 주기만 하는 자들인 줄로만 알았고, 악귀라면 지옥에 떨어지더라도 고통없이 괴롭히기만 할 테니 괜찮을 거라고 생각했다.

현실의 쾌락

나이를 먹으면서 더 이상 악몽을 꾸지 않게 되었고, 곧 악몽에 시달리던 시절을 잊게 되었다. 현실의 쾌락이 무서운 꿈에 대한 기억을 완전히 잘라버린 것이다. 이제는 본성의 힘에 떠밀려 더 큰 탐욕으로 정욕의 고삐를 풀었으며, 하나님의 율법을 범하는 모든 행위에 탐닉했다. 결혼할 나이가 될 때까지 젊은 아이들을 무수히 거느리고 다닌 까닭에 내 주위에는 온갖 부류의 악하고 불경건한 친구들이 끊일 날이 없었다. 육체의 정욕과 열매가 나 같은 가련한 영혼을 꼼짝 못하게 장악하고 있던 것이다. 따라서 은혜의 기적이 가로막지 않았다면, 나는 영원한 공의에 맞아 멸망했을 뿐 아니라 죄악을 만천하에 공개하여 망신과 수치를 당하게 하는 이 세상 법의 타격도 면치 못했을 것이다.

신앙을 생각하면 마음이 무겁고 우울했다. 나는 물론이고 다른 사람이 그러는 것조차 견디지 못했다. 누가 기독교 신앙서적을 읽는 것만 봐도 감옥에 갇힌 것처럼 답답했다. 그때 나는 하나님을 향해서 "우리를 떠나소서 우리가 주의 도리 알기를 즐겨하지 아니하나이다" (욥 21:14) 하고 부르짖었다. 신앙에 대한 생각의 문은 아예 닫아버렸다. 천국과 지옥은 내 시야와 마음에 없었으며, 구원과 멸망에도 전혀 관심을 두지 않았다.

"주님, 주님은 저의 생애를 아시오니, 제가 걸어온 인생길을 주님 앞에 숨기지 못했나이다."

그러나 뚜렷이 기억나는 것이 있다. 그때 나는 아주 편안하게 만족하며 죄를 짓고 악한 벗들과 사귀는 게 더없이 좋았지만, 선한 척하는 사람들에게서 악한 면을 발견할 때면 근심과 두려움에 떨곤 했다. 그런 경우를 몇 번 만났는데 그중에서 잊혀지지 않는 일이 있다. 허영에 사로잡혀 세상모르고 지낼 때였는데, 신앙심이 깊은 줄로만 알고 지낸 사람이 하나님의 이름을 사용하여 악담을 퍼붓는 것을 듣고는 마음에 큰 충격을 받았다.

나를 포기하지 않으시는 분

그렇지만 하나님은 나를 완전히 버리지 않으시고 말없이 따라오셨다. 죄를 깨닫게 하지 않으시고 다만 징계하셨는데, 그 징계에는 자비가 담겨 있었다. 한번은 바다에 빠져 익사 직전에 겨우 목숨을 건졌고, 또 한번은 베드포드 강에서 배를 타다가 물에 빠졌으나 하나님의 은혜로 살아났다. 또 한번은 친구와 함께 들판에 나갔다가 살모사가 길을 가로질러 가는 것을 발견하고는, 들고 있던 지팡이로 살모사를 내리쳐서 기절시키고 지팡이로 입을 벌린 뒤 손가락으로 독침을 빼냈다. 만약 하나님이 자비를 베푸시지 않았다면 나의 무모한 행동 때문에 내 인생은 거기에서 끝났을지도 모른다.

감사한 마음으로 기억하는 것은 이뿐만이 아니다. 군복무 시절, 다른 병사들과 함께 특정 지역을 공격할 요원으로 차출되어 그 지역으로 이동할 준비를 막 끝냈을 때 동료 병사가 내 대신 가겠다고 자원했다. 그런데 내 대신 간 그가 보초를 서다 적진에서 날아온 머스켓총 탄환에 머리를 맞아 그 자리에서 즉사하고 말았다.

이처럼 내 인생 역정에는 심판과 자비가 교차했으나 그 어느 것도 내 영혼을 흔들어 깨워 의義를 향해 돌이키게 하지 못했다. 그러므로 나는 여전히 죄를 지으면서, 점점 더 하나님께 반항하고 나 자신의 구원은 등한시했다.

죄를 버리고 천국에 가겠느냐,
죄를 끌어안고 지옥에 가겠느냐?

chapter 02

우리가 법 아래 있지 아니하고 은혜 아래 있으니 죄를 지으리요 그럴 수 없느니라 롬 6:15

우매자의 수고

그 일이 있고 나서 얼마 후에 나는 결혼을 하게 되었다. 감사하게도 경건하기로 소문난 분의 딸을 아내로 맞았다. 살림이라고는 접시와 숟가락이 전부였지만, 그래도 아내는 준비해온 것이 있었다. 아내의 친정아버지가 유산으로 물려준 《보통 사람이 천국에 이르는 길》The Plain Man's Pathway to Heaven과 《경건 훈련》The Practice of Piety이라는 두 권의 책이었다. 나는 가끔 이 책들을 아내와 함께 읽곤 했다. 그중에는 마음에 와 닿는 내용이 있었지만, 그렇다고 어떤 확신이 생기지는 않았다.

그리고 아내는 자신의 아버지에 대한 이야기를 자주 들려주었다. 그 분이 얼마나 경건한 분이셨고, 가족과 이웃 사람들의 잘못을 어떻게 나무라고 바로잡아주셨는지, 말과 행실로 얼마나 경건한 삶을 살다 가셨는지 틈나는 대로 이야기해주곤 했다.

그 책들을 읽고 아내의 이야기를 듣는 동안, 비록 내가 얼마나 비참하고 죄악 된 상태에 처해 있는지 깨닫지는 못했지만, 악한 생활을 청산하고 남들처럼 신앙생활을 열심히 해보고 싶은 열망이 생기기 시작했다. 특히 신앙 좋은 사람들을 따라 하루에 두 번 교회에 가는 것이 당시 나의 목표였다. 나는 교회에 가서 다른 사람들을 따라 신자처럼 말도 하고 찬송도 불렀다. 하지만 악한 생활은 여전히 버리지 못했다.

신앙생활을 열심히 하면서도 미신적인 사고방식을 벗어버리지 못해서 높은 자리, 목사, 성직자, 예복, 예배 등 교회에 속한 것이면 무엇이든 숭앙했다. 교회에 있는 것이라면 무엇이든지 거룩한 줄로만 알았다. 특히 목사와 성직자는 하나님의 전殿에서 하나님의 일을 하는 사람들이니, 이 세상에서 가장 행복하고 가장 많은 복을 받은 사람들이라고 생각했다.

이런 그릇된 생각이 점차 마음을 사로잡은 까닭에 성직자를 만나면, 그가 아무리 탐욕스럽고 추한 자일지라도 몸을 낮춰 그에게 경의를 표하고 그 앞에서 비굴하게 행동하곤 했다. 그들을 하나님의 사역자들로 알고 사랑했기에 필요하다면 그들의 발아래 엎드려 나를 밟고 지나가게 할 용의도 있었다. 그만큼 그들의 신분과 의복과 사역이 나를 취하게 하고 매료시킨 것이다.

한참을 그런 상태로 지내다가 갑자기 드는 생각이 있었다. 우리가 과연 이스라엘 자손인가 아닌가 하는 것이었다. 성경을 읽다가 이스라엘 자손이 하나님의 특별한 백성이었다는 것을 발견하고는, 내가 이 민족의 일원이라면 내 영혼이 틀림없이 행복할 거라고 생각했다. 이 문제를 제대로 풀고 싶었으나 어떻게 풀어야 할지 몰랐다. 마침내 아버지를 찾아가 질문했지만, 아버지는 우리가 이스라엘 자손이 아니라고 딱 잘라 말씀하셨다. 일말의 기대가 무너지면서 나는 한동안 풀죽어 지냈다.

그러나 이렇게 지내면서도 죄의 위험과 해악을 깨닫지는 못했다. 그리스도 안에서 발견되지 않는다면 어떤 종교를 믿더라도 죄가 나를 멸망시킨다는 생각을 조금도 하지 못했다. 아니, 그리스도를 아예 생각하지도 않았고 그리스도가 계신지 안 계신지 관심조차 없었다. 사람이 눈먼 상태에서는 이렇게 방황하게 마련이다.

우매자들의 수고는 제각기 곤하게 할 뿐이라 저희는 성읍에 들어갈 줄도 알지 못함이니라 전 10:15

엉뚱한 결론

그러던 어느 날, 안식일에 대한 설교 말씀을 듣는데 주일에 일을 하거나 운동이나 오락을 하면 죄를 짓는 것이라고 하셨다. 당시 나는 교회에 다니면서도 여러 가지 죄를 일삼고 있었다. 특히 주일은 그런 점에서 즐거운 날이었다. 설교를 듣는 동안, '목사님이 내 악행을 공개할 목적으로 저런 설교를 하시는구나' 하는 생각이 들어서 심한 양심의 가책을 받았다. 그 순간 나는 죄책감이 무엇인지를 알게 되었다. 전에 그런 감정을 느껴본 적이 있었는지 기억나지는 않았지만, 예배시간 내내 죄책감에 시달리다가 잔뜩 주눅이 들어 집으로 돌아갔다.

설교를 듣고 죄책감에 사로잡힌 그 순간만큼은 내가 즐기던 놀이들이 시들해졌고 전에는 기쁨을 주던 것들이 오히려 싫어지기까지 했다. 하지만 그 마음은 오래가지 않았다. 집에 돌아와 저녁식사를 마치기도 전에 죄책감이 슬며시 사라지더니 마음이 원래대로 돌아간 것이다. 근심이 사라지고 뜨거운 불이 꺼져 다시 마음껏 죄에 탐닉할 수 있게 된 것이 얼마나 기뻤는지 모른다. 그래서 음식으로 본성을 채운 다음에는 설교를 머리에서 지웠고, 기쁘고 설레는 마음으로 주일 오후에 운동하고 즐기는 예전의 나로 돌아갔다.

그런데 바로 그날, 자치기 놀이에 흠뻑 빠져 자를 구멍에 넣고 한 번 치고 두 번째 치려고 하는 순간 갑자기 하늘에서 들려온 음성이 내 영혼에 와서 단단히 박혔다.

"죄를 버리고 천국에 가겠느냐, 아니면 죄를 끌어안고 지옥에 가겠느냐?"

나는 깜짝 놀라 어쩔 줄 몰랐다. 순간 작대기를 땅바닥에 떨어뜨리고 하늘을 보았다. 꼭 하늘에서 예수님이 몹시 언짢은 표정으로 나를 내려다보시는 것 같았다. 또 거룩하지 못한 행동들을 계속하면 무서운 벌을 내릴 수도 있다고 엄중히 경고하시는 것만 같았다. 이런 생각이 뇌리를 스치자 지금까지 내가 지은 죄들이 뚜렷이 떠올랐다. 나는 그 자리에서 확고히 결론을 내렸다.

'여태껏 너무 큰 죄를 저질러서 하늘을 우러르기에는 이미 늦었어. 그리스도께서 내 죄를 용서하실 리가 없잖아.'

이 생각이 마음을 떠나지 않고 계속 맴돌았다. '정말 그러면 어쩌나' 하고 두려워하다가, 이미 너무 늦었다고 결론짓고는 심한 좌절감에 빠졌다. 그래서 그냥 계속해서 죄를 짓기로 결심했다.

죄에 대한 탐닉

'만약 내가 내린 결론이 옳다면, 내가 비참한 상태인 것은 엄연한 사실인데, 죄를 버리든 탐닉하든 비참하기는 마찬가지 아닌가? 나는 멸망할 수밖에 없어. 그게 사실이라면 죄를 많이 짓고 멸망하나 적게 짓고 멸망하나 다를 게 무엇인가?'

놀이를 하다 말고 한참 서 있었으나 함께 있던 사람들에게는 아무 말도 하지 않았다. 하지만 스스로 결론을 내린 다음에는 다시 놀이에 필사적으로 집착했다. 지금도 또렷이 기억나는데, 당시 그 좌절감이 내 영혼을 워낙 강하게 사로잡아서 의도적으로라도 죄에 탐닉해야만 그나마 마음의 안정을 찾을 수 있었다. 천국이 이미 나를 떠나버렸으니 더 생각해봐야 소용없을 것만 같았다. 죄를 짓는 데까지 지어보고 싶은 강렬한 욕구도 생겼다. 아직 지어보지 않은 죄를 찾아내 그 단맛을 보고 싶었다. 이 욕구를 다 채우지 못하고 죽을까봐 서둘러서 죄의 달콤한 것들로 배를 채웠다.

이것이 거짓도 아니요 과장도 아님을 나는 하나님 앞에서 엄숙히 선언한다. 그때 나의 욕구가 정말 그랬다.

"측량할 수 없는 자비의 하나님이시여, 나의 죄악을 다 사해주시옵소서!"

마귀가 내게 사용한 이런 유혹은 많은 사람들이 아는 것보다 더 가련한 인간들을 괴롭히고, 심지어는 그들의 마음에 화인火印을 찍고 양심을 무디게 만든다. 그리고 은밀하고 교활하게도 그 속에 절망을 심어둠으로써 딱히 가책을 느낄 만한 죄가 없는 상태에서도 자신들이 죄를 사랑했고 앞으로도 죄를 따를 것이라서 아무런 소망이 없다고 끊임없이 결론 짓게 만든다(렘 2:25, 18:12 참조). 아무튼 나는 온갖 탐욕을 다 동원하여 죄를 지었고, 그러고도 성이 차지 않았다. 그렇게 한 달 남짓 살았다.

신기한 변화

그러던 어느 날 이웃집 가게 앞에서 어떤 미친 사람을 내 방식대로 저주하고 욕(하나님의 이름을 사용하여 하는 악담 - 역자 주)하고 희롱했다. 그때 안에 있던 가게 주인이 내가 하는 말을 들었다. 그 여자는 도덕적으로 결함이 있는 사람이었는데도, 어떻게 그렇게 듣기 무서울 정도로 심한 욕과 저주를 퍼부을 수 있느냐고 나를 나무랐다. 나처럼 함부로 욕하는 사람은 처음 보았다면서, 나더러 동네 젊은이들을 죄다 버려놓고도 남을 만한 자라고 했다.

그 여자의 꾸지람을 묵묵히 들으면서 속으로 굉장히 수치스러웠는데, 하늘의 하나님 앞에서도 몹시 부끄러웠다. 그곳에서 고개를 떨어뜨리고 서 있자니, 차라리 어린 시절로 다시 돌아가 아버지한테 이렇게 상스럽고 악하게 욕하지 않고 말하는 법을 배울 수 있다면 얼마나 좋을까 하는 생각이 사무쳤다. 하지만 욕이 입에 배어서 고치려고 해봐야 다 부질없고, 절대로 그렇게 되지 않을 거라고 생각했다.

그러나 어떻게 해서 그렇게 되었는지는 모르지만, 그때부터 나는 욕하는 버릇을 완전히 끊어버렸다. 내가 생각해도 너무 신기한 일이었다. 전에는 말의 앞뒤에 욕을 붙이지 않으면 말의 권위가 서지 않는 것만 같고 말도 제대로 하지 못했는데, 이제는 욕을 섞지 않고도 훨씬 유쾌하게 말을 잘할 수 있게 되었다. 이 모든 것이 아직 예수 그리스도를 모를 때, 그리고 운동과 오락을 끊지 않았을 때 일어난 일이다.

경건의 모양은 있으나…

그 일이 일어난 직후에 신자임을 자처하는 어떤 가난한 사람을 알게 되었다. 그는 성경과 신앙 문제에 관해 즐겁게 이야기하는 사람이었다. 그가 하는 말을 듣는 게 너무 좋아서 나도 따라 성경을 아주 재미있게 읽기 시작했다. 특히 역사서를 즐겨 읽었다. 바울서신은 아무리 읽어도 무슨 말인지 알 수가 없었다. 아직 인간의 본성이 부패했다는 사실도 몰랐고, 구원을 받으려면 예수 그리스도가 필요하다는 사실도 몰랐기 때문이다.

이렇게 해서 나는 말과 생활에 외형상의 변화를 겪었으며, 천국에 가기 위해서 십계명을 지키려고 노력했다. 계명을 잘 지켰다는 생각이 들 때마다 평안과 안심을 맛보았다. 이따금 계명을 어길 때는 심한 양심의 가책을 느꼈으나, 그때마다 회개하고 다음번에는 꼭 계명을 지키겠노라고 하나님께 약속하곤 했다. 나는 그런 식으로 위안을 얻었다. 그때 나는 누구보다 하나님을 기쁘시게 해드리며 산다고 자부했다.

이렇게 1년 정도 지냈다. 이웃 사람들이 나를 아주 경건한 사람으로, 개과천선한 신앙인으로 대해주었으며 내 생활과 품행의 극단적인 변화에 모두들 경이로워했다. 물론 내 겉모습이 바뀐 것은 사실이었다. 하지만 나는 아직 그리스도와 은혜와 믿음과 소망을 알지 못했다. 나중에 절실히 깨달은 것이지만, 내가 만약 그때 죽었다면 몹시 두려운 상태로 떨어졌을 것이다. 하지만 이웃들은 나처럼 방탕하던 자가 이렇게 놀랍게 변하여 건실하게 사는 모습에 아주 놀라워했다. 이웃들에게는 얼마든지 그렇게 생각할 만한 일이었다.

나의 이른바 '회심'回心은 미치광이가 정상인으로 돌아온 것 못지않게 컸기 때문이다. 그러므로 그들은 내 앞에서 뿐만 아니라 뒤에서도 나를 칭찬하고 치켜세우기 시작했다. 내가 이제 경건한 사람, 올바르고 정직한 사람이 되어가고 있다는 것이었다. 물론 그런 말과 평가를 듣는 것이 대단히 좋았다.

나는 가난하고 회칠한 위선자에 불과했는데도 경건한 사람인 것처럼 평가받기를 좋아했던 것이다. 내 경건한 모습에 자부심을 느꼈고, 사람들에게 잘 보이거나 좋은 평가를 받기 위해 최선을 다했다. 열두 달 남짓한 세월을 이런 식으로 보냈다.

나는 과연 그리스도를 믿는
믿음이 있는가?

chapter 03

하나님이 처음부터 너희를 택하사 성령의 거룩하게 하심과 진리를 믿음으로 구원을 얻게 하심이니 살후 2:13

헛된 열망들

이런 일이 있기 전에, 내가 교회 첨탑의 종鐘 치는 일을 큰 낙으로 삼았다는 사실을 밝혀두고 싶다. 하지만 양심이 예민해지면서 그런 행위가 헛되다고 생각했고, 결국 그 일을 그만두었다. 그러나 마음에는 여전히 종을 치고 싶은 열망이 있었다. 교회에 가서 직접 종을 치지는 않아도 다른 사람이 치는 것을 지켜보았다. 이런 행동 역시 신앙적이지 않다고 생각했지만, 욕구를 떨치지 못하고 교회에 가서 구경하고 돌아오곤 했다.

그러다 문득 종이 떨어지면 어떻게 될까 염려가 되었다. 그래서 교회의 이쪽에서 저쪽까지 놓인 들보 아래 서 있으면 안전하겠다 싶어 그곳에 서 있기로 했다. 그러나 혹시 종이 흔들리다가 떨어지면 먼저 벽에 부딪쳤다가 내 쪽으로 떨어질 텐데, 그러면 들보 아래 있다가 종에 맞아 죽을 수도 있겠다는 생각이 들었다. 그래서 자리를 옮겨 교회 문 앞에 서 있으면서 종이 떨어지더라도 견고한 벽 뒤에 숨으면

되니까 안전하다고 생각했다. 이런 일을 겪고 나서도 종 치는 것을 구경하기 위해 교회에 찾아갔지만 문에 서서 볼 뿐 더 가까이 가지는 않았다. 그때 이런 생각이 들었다.

'교회 첨탑이 무너지면 어떻게 되는 걸까?'

괜한 염려인 줄 알면서도 그 생각이 떠나지 않고 자꾸 마음을 어지럽히는 바람에, 나는 더 이상 문 앞에 서 있지 못하고 건물이 무너져 내릴까봐 도망치고 말았다.

종 치는 일 외에 나의 또 다른 즐거움은 춤이었다. 춤을 끊는 데는 꼬박 1년이 걸렸다. 춤을 추는 동안에도 내가 계명을 잘 지킨다고 생각했고, 언행이 바르다고 생각했기에 양심에 거리낌이 없었다. '이제는 틀림없이 하나님이 나를 기뻐하시겠지' 하는 생각도 가끔 했다. 솔직하게 말하면 잉글랜드에서 나만큼 하나님을 기쁘시게 해드릴 수 있는 사람이 없다고 생각했다.

하지만 실상 나는 참으로 가련한 사람이었다. 그렇게 생각하고 사는 내내 예수 그리스도에 관해 무지한 채 나 자신의 의義를 세우는 데만 주력했던 것이다. 그때 만약 하나님께서 자비를 베푸셔서 나의 실상을 보여주시지 않았다면, 나는 아마 멸망하고 말았을 것이다.

경건한 여인들의 대화

그러던 어느 날 땜장이 일로 베드포드에 가게 되었는데, 하나님께서 선하신 섭리로 나를 그리로 인도하신 것이었다. 그곳 거리를 거닐다가 태양이 내리쬐는 어느 집 앞에서 가난한 여인 서넛이 둘러앉아 하나님의 일에 관해 이야기하는 것을 듣게 되었다. 나는 대화 내용이 자못 궁금해서 가까이 다가갔다. 이제 신앙에 관한 대화라면 얼마든지 자신이 있었다.

그런데 여인들의 말을 듣기는 했어도 이해하지는 못했다. 내가 알아듣기에는 한참 차원 높은 대화였던 것이다. 그들은 하나님이 자기들의 마음에 역사하셔서 거듭나게 해주셨고, 자신들의 상태가 얼마나 비참했는지 거듭난 후에야 절실히 깨닫게 되었다고 말했다. 하나님께서 예수 그리스도 안에 두신 사랑으로 어떻게 자기들의 영혼을 찾아주셨고, 어떤 말씀과 약속으로 자신들을 새롭게 하시고 위로하셨으며, 마귀의 시험을 이기도록 붙들어주셨는지에 대해서 서로 이야기했다.

더 나아가 사탄의 여러 가지 암시와 유혹에 관해서 말했고, 사탄에게 어떤 방식으로 공격을 당했고 그 가운데서 어떻게 힘을 얻었는지 이야기했다. 거듭난 뒤에도 마음에 비참함과 불신앙이 여전히 남아 있다는 말도 주고받았으며 자신들의 의義가 불결하여 작은 선善이라도 이루기에 불충분하다고 했다. 또 그것을 정죄하고 멸시하고 증오했다.

나는 그들의 대화에 기쁨이 배어 있다고 생각했다. 그들의 말은 성경적인 확신에 차 있었고 그들의 표정에도 은혜 받은 표시가 역력해서 마치 새로운 세계를 발견한 것처럼 보였다. 이웃들로부터 초연하여 고고하게 따로 사는 사람들 같았다. 여인들의 대화를 들으면서 다시 마음이 흔들리기 시작했다. 나는 아무것도 아니라는 회의가 밀려왔다. 내가 신앙과 구원에 관해 품어온 생각들을 다 털어 봐도 나는 거듭난 적이 없고, 말씀과 약속이 주는 위로를 맛본 적도 없고, 다만 내 악한 마음에 기만성과 패역성만 남아 있다는 것을 알게 된 것이다. 마음속에 은밀하게 드는 생각에는 관심이 없었고, 사탄의 유혹이 어떤 것인지, 어떻게 해야 그 유혹을 뿌리치고 이길 수 있는지도 몰랐다.

여인들의 대화 내용을 곰곰이 생각하면서 그 자리를 떠나 다시 일하러 나섰지만, 그들의 대화가 잊히지 않았다. 자꾸만 생각났다. 그들의 말을 듣고 받은 감화感化가 아주 컸던 탓이다. 그들의 말을 듣고 나서야 비로소 내가 진정으로 경건한 사람이라는 증표가 없다는 것을 알았다. 또 그런 증표가 있는 사람이 참으로 복된 상태에 있다는 것을 깨달았다. 그래서 틈만 나면 그 여인들을 찾아갔다. 그때마다 그 자리를 쉽게 떠날 수가 없었고, 그들을 만날수록 내 상태에 관한 의문도 더 깊어졌다.

그 시절의 기억

지금도 기억이 나는데, 그때 내 안에서 두 가지를 발견하게 되었다. 그 때문에 내가 얼마나 어둡고 무지하고 탐욕적이고 불경건한 사람인가 하는 생각이 들어 놀랐다. 한 가지는 내가 너무 물러서 사람들이 성경을 인용하여 주장하는 것을 잘 믿는다는 것이었고, 다른 한 가지는 한 번 듣거나 읽은 유익한 내용에 집착하는 성향이 있다는 것이었다.

이 두 가지가 마치 사람의 혈관에 붙어서 "다고 다고" 하는 거머리처럼(잠 30:15) 내 마음에 착 달라붙어 있었다. 당시 나는 영원과 천국에 관한 일들에 온 마음이 집중되어 있어서 내가 아는 한(물론 하나님이 보시기에 내가 아는 것이 아주 적었겠지만) 쾌락도 돈벌이도 어떤 설득이나 협박도 내 마음을 다른 데로 돌릴 수 없었다. 내 마음을 하늘에서 땅으로 끌어내리기가 쉽지 않았다. 물론 그 이후로 땅에서 다시 하늘로 마음을 끌어올리기가 쉽지 않았던 것도 사실이다.

그 시절을 회상할 때 빼놓을 수 없는 한 가지가 있다. 내가 사는 동네에 마음이 잘 통하는 젊은 친구가 있었는데, 그는 저주와 욕과 방탕한 생활을 일삼았다. 그래서 내가 신앙생활에 힘쓴 뒤로는 그와 연락을 끊고 지냈다. 그리고 계절이 바뀌었을 무렵, 길을 가다 우연히 만난 그에게 그동안 어떻게 지냈느냐고 물었다. 그는 여전히 예전 방식대로 욕을 섞어가며 잘 지냈노라고 대답했다.

"그런데 해리, 자네는 왜 그렇게 저주와 욕을 입에 달고 사는가? 그 상태로 죽으면 어쩌려고?"

나의 말에 그는 몹시 화를 내면서 대답했다.

"나 같은 자가 없다면 마귀가 살아갈 낙이 없어지지 않겠소?"

소요파의 유혹

그 무렵 율법폐기론자들인 소요파 ranters 가 쓴 책을 몇 권 얻어 읽게 되었는데, 그들은 나와 동향 사람이었다. 그 책들은 유서由緖 깊은 여러 교회의 회원들에게도 높은 평가를 받고 있었다. 물론 그중에는 읽어도 딱히 뭐라고 평가할 수 없는 책들도 있었다. 그 책들을 읽다가 그들의 견해에 대해 내 힘으로는 판단할 수 없음을 깨닫고 그 문제를 놓고 간절히 기도했다.

"주님, 저를 어둠속에 버려두지 마시고 이 교훈이 옳은지 그른지 깨우쳐주옵소서. 이 교훈이 하나님에게서 나온 것이라면 제가 그것을 업신여기지 않게 해주시고, 마귀에게서 나온 것이라면 깨끗이 제 마음에서 지워버리게 해주옵소서. 주님, 이 문제에 관해 제 영혼이 오직 주님 발 앞에 엎드립니다. 제가 잘못 판단하지 않게 해주시기를 겸손히 빕니다."

내게 줄곧 신앙의 벗이 되어준 사람(이 책 2장에서 언급한 가난한 신앙인)이 있었지만 그 역시 아주 광적인 소요파로 변하여 온갖 부정한 생활에 빠져 지내고 있었다. 하나님과 천사와 영靈의 존재마저 부정했고, 여러 번 만나 근실히 살라고 타일러도 내 말을 비웃었다. 정신이 번쩍 들도록 호되게 꾸짖을수록 그는 더 냉소적인 반응을 보이면서, 자신은 모든 종교를 다 경험해보았지만 지금까지 마음에 드는 것이 하나도 없었다고 말했다. 그리스도인이라고 자처하는 자들이 조금 있으면 모두 소요파처럼 살게 될 테니 두고 보라고 오히려 호언장담

했다. 나는 그런 저주받은 사상이 너무 싫어서 즉시 돌아왔고, 그 후로는 그와 완전히 담을 쌓고 지냈다.

소요파의 견해는 나 한 사람에게만 다가온 유혹이 아니었다. 일 때문에 여러 지방을 두루 다니다 보니, 과거에는 매우 독실했는데 소요파에 넘어가 신앙을 버린 사람들을 많이 보았다. 이 사람들은 자신들의 교리를 자랑하면서 나더러 앞뒤가 꽉 막힌 율법주의자라고 비난했으며, 자신들은 완전을 얻었으므로 무엇이든 마음대로 해도 죄가 되지 않는다고 주장했다.

물론 이 유혹은 내 육체에 아주 반가운 것이었다. 당시 나는 젊었고 본능의 충동이 절정에 달해 있었기 때문이다. 그러나 나를 더 좋은 일에 쓰시려고 작정하신 하나님은 내게 하나님의 이름을 두려워하는 마음을 주시고 그런 저주받은 교훈에 빠지지 않도록 지켜주셨다. 나 자신의 지혜를 의지하지 않고 보호와 인도를 간절히 구하는 마음을 심어주신 하나님의 은혜를 무엇으로 다 갚을까!

기도한 후로 나는 소요파의 오류에서 뿐만 아니라 그 교훈에서 가지 쳐 나온 사설邪說에서도 건짐을 받음으로써 기도 응답의 결과를 꾸준히 확인했다. 그 당시 내게 아주 귀중했던 것은 바로 성경이었다.

믿음에 대한 의문
이제는 성경을 새로운 눈으로 보고 전과 다른 방식으로 읽기 시작했다. 특히 어렵기만 했던 바울서신이 감미롭고 감동적으로 다가왔다. 나는 주로 성경을 읽거나 읽은 내용을 묵상했다. 그러면서 진리를 밝히 깨닫고, 천국과 영광에 이르는 길을 알게 해달라고 하나님께 간구했다. 성경을 읽는데, 다음 구절이 내 마음을 강하게 사로잡았다.

> 어떤 이에게는 성령으로 말미암아 지혜의 말씀을, 어떤 이에게
> 는 같은 성령을 따라 지식의 말씀을, 다른 이에게는 같은 성령
> 으로 믿음을… 고전 12:8,9

성령님이 이 말씀으로 특별한 것을 전하려고 하신다는 것은 전부터 알고 있었지만, 당시 내게는 일반적인 것, 다시 말해서 다른 그리스도인들이 갖고 있는 깨달음과 지혜만이라도 절실히 필요했다. 이 말씀이 너무나 좋았으나 어떻게 받아들여야 할지도 몰랐다. 특히 '믿음'이라는 단어가 어려웠다. 때때로 내가 과연 믿음이 있는지 의문을 품을 수밖에 없었기 때문이다. 그렇다고 나에게 믿음이 없다고 단정 짓기는 너무 싫었다. 그런 결론을 내리게 되면 정말 스스로 버려진 자로 여기게 될 것만 같았기 때문이다.

그래서 이렇게 마음을 다잡았다.

'그렇게 생각하지 말자. 지금 나는 무식한 주정뱅이고, 다른 사람들에게 있는 지식과 깨달음의 복된 은사가 내게 없는 게 사실이지만,

내가 아예 믿음이 없는 것은 아니라고 결론을 내리자. 믿음이 무엇인지 잘 알지는 못하지만….'

나중에 좀 더 분명하게 확인한 것처럼 사탄의 꾐에 넘어가 스스로 믿음이 없다고 결론 내린 사람치고 마음에 안식이나 평안을 얻은 예를 본 적이 없었고, 게다가 완전히 절망으로 떨어지는 게 너무 싫었던 것이다.

이런 생각 때문에 한동안 내게 믿음이 필요하다는 사실을 받아들이기가 두려웠다. 하지만 하나님께서는 내 영혼이 그런 식으로 멸망하도록 허락하지 않으셨다. 하나님은 내 마음에 이런 우울하고 어두운 결론이 맴돌 때마다 믿음이 있는지 확신하기 전까지는 마음을 놓을 수 없다는 생각을 자꾸 일으켜주셨다.

'내가 진짜 믿음 없다는 것을 어떻게 알 수 있을까? 반대로 믿음이 있다면 그것을 어떻게 알 수 있는가?'

시험자의 속임수

이런 생각이 마음에서 끊이지 않았다. 한 가지 확실한 것은, 만약 내게 믿음이 없다면 영원히 멸망하게 된다는 것이었다. 처음에는 믿음의 문제를 가능한 축소해서 생각하려고 노력했지만, 일단 진지하게 생각하고 난 후부터는 내게 과연 믿음이 있는 지를 스스로 시험해볼 의지가 생겼다. 그러나 가련하게도 나의 무지와 우둔함 때문에 어떻게 시험해야 하는지도 알지 못했다. 마치 한 번도 본 적 없고 관심도 없던 진귀한 예술품을 처음부터 끝까지 혼자 만들어내야 하는 것만큼이나 답답하고 막막했다.

그 문제를 골똘히 생각하고 있을 때 시험자(마귀)가 속임수를 들고 찾아왔다(여기서 미리 밝혀 둘 점은, 내가 아직 다른 사람에게 내 심경을 드러내지 않고 혼자 듣고 생각하며 지냈다는 것이다). 시험자는 자신의 속임수를 뒷받침하는 것처럼 보이는 성경 구절들을 사용하여, 내가 믿음이 있는지를 판가름할 수 있는 유일한 방법은 몇 가지 기적을 일으켜보는 것뿐이라고 내 마음에 속삭였다.

하루는 엘스토에서 베드포드로 가는 길에 기적을 일으켜서 내게 믿음이 있는지를 시험해보고 싶은 유혹이 강하게 들었다. 당시에 생각해낸 방법은 말을 타고 가는 길에 드문드문 보이는 진흙 구덩이들에게는 "말라버려라!"라고 명하고, 마른 땅에는 "진흙 구덩이가 돼라!"라고 명하는 것이었다.

실제로 한번 해볼 요량으로 그렇게 말하려는 순간, '먼저 외딴 곳으로 가서 하나님께 그런 능력을 달라고 구하자' 하는 생각이 불현듯 들었다. 그런데 기도를 마치자, 만약 시도했다가 아무 일도 일어나지 않으면 나에게 믿음이 없다고 판명날 것만 같아 두려웠다. 그래서 '그럴 바에는 아예 시도하지 말고 조금 더 기다려보자'라는 결론을 내렸다.

이렇게 해서 상황이 더 곤란해졌다. 그런 기이한 일을 해낼 수 있는 사람만 믿음이 있는 거라면, 지금 나는 믿음이 없고 앞으로도 한

동안은 믿음을 가질 수 없을 거라고 단정 지었기 때문이다. 이처럼 나는 마귀와 나 자신의 무지 사이를 이리저리 오가며 한동안 어찌해야 좋을지 종잡을 수가 없었다.

비천한 나를
돌아보소서

chapter 04

나는 비천하오니 여호와여 나를 권고하옵소서 애 1:11

내가 본 환상

그 무렵, 베드포드의 가난한 신자들이 누리는 행복한 장면이 내 앞에 환상으로 펼쳐졌다. 그들이 높은 산의 양지바른 곳에 모여 앉아 따사로운 햇볕을 즐기고 있는데, 나는 추운 곳에서 서리와 눈과 먹구름에 잔뜩 움츠린 채 떨고 있었다. 그들과 나 사이에 산 전체를 두른 담장이 있는 것만 같았다. 나는 벽을 뚫고서라도 그 안으로 들어가고 싶었다. 그 안에 들어가면 그 사람들처럼 따뜻한 햇볕을 쬐며 몸과 마음을 녹일 수 있을 것 같았기 때문이다.

벽 주위를 몇 바퀴 돌면서 안으로 통하는 길이 있는지 찾아보았지만 한군데도 눈에 띄는 곳이 없었다. 마침내 담장에 난 좁은 틈새를 발견하고는 그리로 들어가려고 계속해서 시도했다. 그런데 틈이 너무 좁아서 번번이 실패하다가 거의 탈진 상태가 되고 말았다. 천신만고 끝에 방법을 찾은 나는, 몸을 모로 틀고서 머리를 들이밀고 어깨를 집어넣어 온몸이 빠져나가는데 성공했다. 하늘을 날 것 같은 기쁨을 안고 달려가 그들 틈에 앉아서 내리쬐는 빛과 온기에 몸과 마음을 녹였다.

갑자기 산과 담장 같은 것들의 의미가 깨달아졌다. 산은 살아 계신 하나님의 교회를 상징했고, 그곳을 비춘 태양은 그곳에 모인 자들에게 나타내 보이시는 하나님의 인자하신 얼굴빛이었다. 담장은 그리스도인들과 세상을 분리하는 차단 벽이었으며, 벽에 난 틈은 성부 하나님께 이르는 길이신 예수 그리스도셨다.

> 예수께서 가라사대 내가 곧 길이요 진리요 생명이니 나로 말미암지 않고는 아버지께로 올 자가 없느니라 요 14:6

> 생명으로 인도하는 문은 좁고 길이 협착하여 찾는 이가 적음이니라 마 7:14

그러나 그 틈이 겨우 들어갈 정도로 좁았다는 사실은 정직하고 진실한 사람들, 그리고 악한 세상을 등진 사람들 외에는 누구도 그리로 들어갈 수 없다는 것을 일깨워주었다. 그곳에는 육체와 영혼이 들어갈 공간만 있을 뿐 육체와 영혼과 죄가 함께 들어갈 공간은 없었던 것이다.

이 깨달음이 여러 날 내 마음을 떠나지 않았고, 그 날들을 외로움과 슬픔에 젖은 채 지냈다. 하지만 양지바른 곳에 앉은 사람들 중 하나가 되고 싶은 욕구는 여전히 강렬했다. 그리고 집에 있을 때나 밖에 있을 때 틈나는 대로 기도했다. 종종 마음을 하나님께 향하여 시편 51편의 한 구절인 줄 알고 "나는 비천하오니 여호와여 나를 권고하옵소서"라는 구절로 찬송을 드렸다. 그 구절이 어디에 있는지 몰랐던 때였다(예레미야 애가 1장 11절 말씀이다 - 역자 주).

두 가지 시험

하지만 나에게 그리스도를 믿는 믿음이 있는지 아직도 안심이 되지를 않았다. 따라서 그 상태로 만족하지 않고 장래의 행복에 관해 새로운 의문들을 제기해보았다.

"나는 과연 선택되었는가? 그런데 만약 은혜의 날이 지나가버렸으면 어떻게 하는가?"

주로 이런 의문들이었다. 나를 몹시도 불안하게 만든 이 두 가지 시험이 번갈아가며 괴롭혔다.

먼저 내가 선택되었는가 하는 의문에 관해 말하자면, 나는 천국과 영광에 이르는 길을 찾는 데 매우 열심이었다. 게다가 내 열심을 가로막을 것이 전혀 없었는데도 이 질문이 내게 너무 큰 고통과 좌절을 안겨주었다. 때로는 고민에 휩싸여 육체적으로 탈진 상태에 빠지기도 했다. 게다가 다음 말씀이 내 열망을 짓밟는 듯했다.

그런즉 원하는 자로 말미암음도 아니요 달음박질하는 자로 말

미암음도 아니요 오직 긍휼히 여기시는 하나님으로 말미암음

이니라 롬 9:16

이 말씀 앞에서 어떻게 해야 할지 도무지 알 수가 없었다. 하나님
께서 무한하신 자비와 은혜로 나를 긍휼의 그릇으로 선택하지 않으
셨다면 내가 마음이 상할 때까지 열망하고 사모하고 노력한들 아무
소용이 없다는 것을 잘 알았기 때문이다.

따라서 이 질문이 나를 아프게 찔렀다.

"네가 선택되었다는 것을 어떻게 알 수 있는가? 만약 선택되지 않
았다면 어떻게 할 것인가?"

"주 하나님, 제가 선택되지 않았다면 어떻게 해야 합니까?"

나는 부르짖었다.

"아마 너는 선택되지 않았을 거야."

시험자가 말했다.

"정말 그럴 수도 있겠지."

내가 그렇게 생각하자 사탄은 이렇게 말했다.

"그렇다면 더 이상 헛수고하지 말고 여기서 멈추는 편이 낫다. 네
가 하나님께 선택되지 않았다면 구원의 희망은 없다. '원하는 자로
말미암음도 아니요 달음박질하는 자로 말미암음도 아니요 오직 긍휼
히 여기시는 하나님으로 말미암음이니라'라고 성경에 씌어 있지 않
더냐?"

이쯤 되니, 나는 지혜가 바닥나 그 고통스러운 의문들에 무슨 말을 하고 어떻게 대답해야 할지 난감했다. 정말로 사탄이 나를 공격했다고는 생각하지 않았고, 내 스스로 신중하다보니 그런 의문을 품은 것이라고 생각했다. 선택된 자들만 영생을 얻는다는 교훈을 나는 조금도 주저하지 않고 기꺼이 받아들였다. 하지만 내가 그들 중 한 사람인가 하는 것은 쉽지 않은 문제였다.

떠오르는 의문들

그 생각에 골몰하느라 여러 날을 고통과 번민에 시달렸으며, 길을 걷다가 좌절감에 주저앉을 뻔한 적도 여러 번이었다. 이 문제로 몇 주 동안 시달리느라 영생의 소망을 다 잃었을 때, 불현듯 떠오른 생각이 내 마음에 강렬하게 다가왔다.

'지나간 세대들을 돌아보라. 하나님을 의뢰하다가 낭패를 본 사람이 있던가?'

그 생각에 내 눈이 환하게 밝아지고 용기가 솟았다. 바로 그 순간 '창세기부터 요한계시록까지 성경을 읽으면서 주主를 의뢰하였다가 낭패를 본 사람이 있는지 찾아보자' 하는 지혜가 떠올랐기 때문이다. 나는 집에 오자마자 성경을 꺼내 그런 내용이 있는지 찾아보기 시작했다. 내게 아주 새롭고, 힘과 위로가 되는 생각이었기 때문에 마치 누군가와 대화를 나눈 것만 같았다. 성경을 아무리 뒤적여 봐도 그런 내용은 찾을 수 없었으나 내 마음에는 생생히 남았다.

신자들을 만나 이런 내용을 성경에서 보았느냐고 물었으나 보았다고 대답하는 사람이 아무도 없었다. 그 문장이 그렇게 큰 위로와 힘으로 내 마음을 사로잡았는데도 아무도 성경에서 본 적이 없다고 하니 이상하기 짝이 없었다. 나는 그 내용이 성경에 있다는 것을 확신했기 때문이다.

그 뒤로 1년 이상 성경을 찾아보았으나 결국 찾지 못했다. 마침내 외경外經으로 눈을 돌려 뒤적이다가 집회서Ecclesiasticus 2장 10절에서 그 내용을 발견했다. 그 문장을 발견한 순간, 처음에는 다소 힘이 빠졌으나, 하나님의 사랑과 인자를 경험하고 있던 터라 별로 큰 문제가 되지는 않았다. 물론 그 문장이 우리가 성경이라고 부르는 정경正經에는 포함되지 않았지만 내용만큼은 성경에 기록된 수많은 약속들의 정수精髓이기 때문에 그 안에서 위로를 받으면 족하다고 생각했다. 그 문장을 생각나게 하신 하나님께 감사드린다. 그것이 내게 무척 유익했기 때문이다. 지금도 그 문장이 내 마음에서 환하게 빛나고 있다.

은혜의 날은 지나갔는가?

그 일을 겪은 뒤 또 다른 의문이 강하게 일어났다.

"은혜의 날이 벌써 다 지나가버렸으면 어떻게 하나?"

은혜를 얻을 기회를 이미 놓쳐버렸으면 어떻게 하겠느냐는 것이었다. 하루는 이 문제를 골똘히 생각하며 시골길을 걷고 있었다. 시험자는 내 고통을 가중시키려고 작심한 듯이 베드포드의 선한 사람들을 기억나게 했다. 그 사람들은 진작에 회심했고, 하나님께서 그 동네에서 구원하고자 하신 대상은 그들뿐이며, 내가 그곳에 가기 전에 그들이 복을 이미 다 받은 뒤라서 너무 늦었다는 생각이 들었다. 정말 그럴 수도 있겠다는 생각이 들면서 나는 심한 좌절감에 휩싸였다. 내 슬픈 운명을 탄식하며 정신없이 길을 걸었다.

그렇게 오랜 세월을 죄에 허비하다니, 나는 이 세상의 수많은 어리석은 자들보다 훨씬 못한 게 아닌가 하고 자학했다. '아, 조금만 일찍 돌아섰더라면…. 7년만 더 일찍 돌아섰더라면!' 하고 부르짖었다. 허송세월로 영혼이 천국에 갈 기회를 놓치는 미련한 짓을 했다고 생각하니 나 자신에게 부아가 치밀었다.

한참을 그렇게 자학하면서 한 발자국도 떼지 못하고 있을 때 사뭇 다른 말씀이 내 마음을 뚫고 들어와 나를 격려해주었다.

> 종이 가로되 주인이여 명하신 대로 하였으되 오히려 자리가 있나이다 주인이 종에게 이르되 길과 산울 가로 나가서 사람을 강권하여 데려다가 내 집을 채우라 눅 14:22,23

이 말씀, 특히 "오히려 자리가 있나이다"라는 말씀이 아주 달았다. 그 말씀에 따라 천국에 나를 위한 자리가 넉넉하다는 것을 확신하게 되었다.

더욱이 예수님은 이 말씀을 하실 때 나 같은 사람도 생각하셨다. 주님 품에 내가 들어갈 자리가 없을까봐 두려움과 좌절을 겪을 줄 미리 아시고 이 말씀을 기록으로 남기셔서 이 극한 고통을 이겨내게 하셨다. 나는 그 자리에서 굳게 믿었다. 이 말씀에서 얻은 빛과 격려에 힘입어 한동안 지냈다. 예수님이 오래 전에 나를 생각하시고 나를 위해 그 말씀을 하셨다고 생각하니 위로가 더했다. 주께서 나를 격려하신다는 뜻에서 그 말씀을 하셨다고 진정으로 믿었기 때문이다.

그러나 다시 돌아가려는 유혹도 없지 않았다. 그것은 사탄에게서 온 것이기도 했고, 내 마음과 육체의 습관에서 온 것이기도 했다. 하지만 감사하게도 그것이 내 속에서 사라지지 않고 남아 있던 죽음과 심판 날에 대한 확고한 의식을 넘어서지는 못했다. 나는 하나님께 세상의 모든 나라들을 받았다고 말한 느부갓네살 왕을 종종 생각하곤 했다(단 5:18,19 참조). 이 위대한 자가 세상을 다 차지했을지라도 지옥불에 들어가 한 시간만 있으면 그 모든 기억을 까맣게 잊을 거라고 생각했다. 이 생각이 내게 큰 도움이 되었다.

나를 부르실까?

그 무렵, 나는 모세가 정결하거나 불결하다고 평가해놓은 짐승들에 관해서 깨달은 바가 있었다. 그 짐승들은 사람들의 표상이었다. 정결한 짐승들은 하나님의 백성을 상징했지만, 불결한 짐승들은 '그 악한 자'(마귀)의 자식들을 의미했다.

그리고 정결한 짐승들이 새김질을 한다는 내용을 읽었다. 우리가 하나님의 말씀을 먹고 살아야 함을 그 짐승들을 통해 보여주신 것이다. 또한 그 짐승들은 굽이 갈라졌다. 나는 그 의미를 불경건한 사람들의 길에서 떠나야만 구원받게 된다는 뜻으로 이해했다. 그 부분을 좀 더 읽다가 만약 가축처럼 새김질을 하면서도 개처럼 발톱을 지닌 채 산다면, 혹은 돼지처럼 굽이 갈라졌지만 양처럼 새김질을 하지 않고 산다면 여전히 불결한 상태라는 것을 깨닫게 되었다.

또 하나님의 말씀에 관해서 말하면서도 여전히 죄의 길을 걷는 사람은 '토끼'와 같고, 더러운 행실은 그쳤으나 하나님의 말씀을 여전히 모르는 사람은 '돼지'와 같다는 생각도 했다. 믿음의 말씀이 없다면 아무리 열심히 해도 구원받을 길이 없는 것이다(신 14장 참조).

그 후 말씀을 읽으면서 깨달은 바가 있었다. 내세에서 그리스도와 함께 영화롭게 되려면 먼저 이 세상에서 그분의 부르심을 받아야 한다는 것이었다. 이 세상에서 부르심을 받아 그리스도의 말씀과 의義에 참여하고, 성령의 위로와 첫 열매를 받아 누리고, 이 땅에서부터 하늘에 속한 일들에 힘써서 장차 하늘에 올라가 받을 안식과 영광의 집을 미리 준비하는 일이 중요하다는 것을 알게 되었다.

이런 깨우침이 내게는 여간 불편하고 고통스러운 것이 아니었다. 깨우쳤어도 어떻게 해야 할지 몰랐고, 더욱이 내가 부르심을 받지 못했으면 어쩌나 두려웠던 것이다. 만약 내가 부르심을 받지 못했다면 그런 깨우침이 무슨 소용이 있을는지 생각했다.

'제대로 부르심을 받은 사람만이 천국을 유업으로 물려받는 것이 아닌가?'

하지만 이제 나는 주께서 이 사람이나 저 사람에게 "나를 따르라" 라는 말로 부르신 것처럼 그리스도인의 부르심에 관해 일러주시는 말씀들을 열렬히 사랑하고 있었다.

'주께서 내게도 그렇게 말씀해주시면 얼마나 좋을까? 그러면 아주 기쁘게 주님을 좇을 텐데….'

나는 그렇게 생각했다.

얼마나 갈망하고 탄식하며 그리스도께서 나를 불러주시기를 간구했는지 모른다. 예수 그리스도에게로 회심하고 싶은 강렬한 마음이 지속되는 동안, 다른 한편으로는 회심한 상태가 아무리 영광스럽더라도 내가 참여하지 못하면 공허할 뿐이라는 생각도 했다.

금金! 금을 주고 회심을 살 수 있었다면 얼마가 됐든 사고 말았을 것이다. 온 세상을 차지했더라도 내 영혼이 회심한 상태에 들어갈 수만 있다면 천 번을 다 주어도 아깝지 않았을 것이다. 주변에 회심한 한 사람 한 사람이 내 눈에 얼마나 귀하고 사랑스러웠는지 모른다. 그들은 환히 빛났다. 천국의 큼직한 인印을 받은 사람들 같았다. 그들에게 줄로 재준 구역이 실로 아름다웠고, 그들의 기업이 실로 좋았다(시 16:6 참조).

더 참고 기다려라

그러나 나를 아프게 한 구절은 그리스도에 관한 말씀이었다.

또 산에 오르사 자기의 원하는 자들을 부르시니 나아온지라

막 3:13

예수님이 원하는 자들을 부르신다는 이 구절이 나를 쇠잔하고 두렵게 했으나, 그러면서도 내 영혼에 불을 지폈다. 내가 두려웠던 것은 그리스도께서 원하는 자들을 친히 부르시는 분이므로 나 같은 사람을 좋아하지 않으실 것이라는 생각이었다.

그러나 그 당시에 바라본 영광을 너무나 사모한 나머지 성경을 읽다가 그리스도께서 누구를 부르셨다는 대목을 만나면 '내가 그들이었다면 얼마나 좋을까. 내가 베드로로 태어났더라면, 요한으로 태어났더라면…. 그것도 아니라면 주께서 그들을 부르실 때 그들 곁에 서서 그 말씀을 들었다면 얼마나 좋을까' 하는 열망이 어김없이 타올랐다. "주님이시여, 저도 불러주옵소서" 하고 얼마나 자주 부르짖었는지 모른다. 그러면서 한편으로는 나를 부르시기를 원치 않으실까 봐 두려웠다.

주님은 내가 이런 상태로 여러 달을 지내도록 놔두신 채 아무것도 보여주지 않으셨다. 이미 부름을 받은 것도 아니었고 앞으로도 부름 받을 수 있을는지 장담할 수도 없었다. 그렇게 거룩하고 천상적인 부

르심에 참여할 수 있게 해달라고 참으로 오랫동안 수없이 탄식하며 간구하던 내게 마침내 하나님의 말씀이 찾아왔다.

> 내가 전에는 '그들의 피 흘린 죄를 사해주지 아니하였거니와 이제는 사해주리니'(NKJV 영어성경을 직역했다, 개역한글성경은 '피 흘림 당한 것을 갚아주지 아니하였거니와 이제는 갚아주리니'라고 번역했다) 이는 나 여호와가 시온에 거함이니라 욜 3:21

나는 이 말씀을 생각하면서, 하나님께서 내게 더 참고 기다리라는 뜻에서 해주신 말씀이며, 내가 아직은 회심하지 못했으나 진리 안에서 그리스도께로 회심할 날이 반드시 온다는 것을 이 말씀이 암시해준다고 생각했다.

죄의식으로 인한 좌절감

그즈음 나는 베드포드의 가난한 신자들과 마음을 나누고 그들에게 내 처지를 말하기 시작했다. 그들은 내 말을 듣고 존 기퍼드John Gifford 목사에게 나에 관한 말을 전했고, 기퍼드 목사도 시간을 내어 나와 대화를 나누고 내 심경을 충분히 들어줄 뜻을 표했다. 나는 반신반의했지만, 얼마 뒤에 기퍼드 목사가 나를 자기 집으로 초대했다.

기퍼드 목사는 하나님이 다른 사람들의 영혼을 어떻게 대하셨는지에 대해 상세히 이야기해주었고, 나는 그 말을 듣고 좀 더 확신을 갖게 되었다. 그때부터 나는 내 마음이 허영으로 차 있고 완악하고 비참한 상태에 있음을 알게 되었다. 전에는 내 마음에 큰 문제가 없는 줄로 알았지만, 실상이 드러나면서 전에 없이 요동하기 시작했다.

전에는 의식하지 못하고 지냈는데, 이제는 욕망과 부패가 나쁜 생각과 욕구로 표출되어 나온다는 것을 분명히 알게 되었고, 이로써 천국과 영생에 대해 품어온 열망이 도로 무산됐다. 전에는 하나님을 사모하는 마음이 가득했는데 이제는 어리석고 헛된 것들만 갈망하게 되었다.

실제로 마음이 선한 것을 적극적으로 생각하는 데는 몹시 굼뜨고, 나 자신의 영혼과 천국에 대한 관심도 점점 시들해졌다. 새가 날아가지 못하도록 다리에 통나무를 매달아둔 것처럼 할 일을 앞두었을 때나 일을 하는 중에도 자꾸 머뭇거리고 소극적으로 변해갔다.

'갈수록 내 상태가 나빠지는구나. 이제 나는 회심에서 한참 멀어졌어.'

그렇게 생각했다. 내 영혼은 큰 침체에 빠졌고 심한 좌절을 겪기 시작했다. 좌절감이 내 마음을 지옥과 다를 바 없는 나락으로 떨어뜨렸다. 내가 화형대火刑臺에 선다면 그리스도께서 나를 사랑하셨다고 믿을 엄두가 나지 않을 것 같았다. 나는 그분을 볼 수도, 들을 수도 없었고, 그분에 관한 것을 조금도 맛볼 수가 없었다. 나는 풍랑에 휩쓸리듯 정처 없이 떠밀려갔다. 내 마음은 불결하고, 가나안 사람들이 사는 땅과 같았다.

어쩌다 하나님의 백성들을 만나 내 사정을 털어놓으면 그들은 내 이야기를 다 듣고 나서 내게 동정을 표시하고는 하나님의 약속들을 상기시켜주었다. 그러나 그 약속들을 받아들이고 의지하면 곧 그것을 얻게 될 것이라는 그들의 조언은 손가락을 내밀어 태양에 대라고 하는 것과 다를 바 없었다.

나의 모든 의식과 감각이 나와 대립했으며, 내 마음이 죄를 짓고 싶어 한다는 것과 정죄하는 율법 아래 놓여 있다는 것을 알게 되었다. 내 처지를 돌아보다가 복음서에 나오는, 아버지 손에 이끌려 예수님에게 온 아이 생각이 많이 났다. 그 아이는 그리스도를 찾아 나섰을 때에도 마귀에게 붙잡혀 거품을 물고 땅바닥에 엎어져 고통을 당하고 있었다(막 9:20 ; 눅 9:42 참조).

말씀에 빗장을 거는 불신앙

더욱이 그때 내 마음은 주님과 그분의 거룩한 말씀에 빗장을 자주 달아걸고 있었다.

"선하신 주님, 제 마음의 문을 열어주옵소서. 이 놋문을 깨뜨리시고 이 쇠빗장을 꺾어주옵소서"(시 107:16 참조).

이렇게 수없이 탄식하며 간구하는 동안에도 문에 등을 기대어 주님이 못 들어오시게 막는 불신앙이 도사리고 있음을 발견했다. 하지만 그 가운데서도 가끔 "너는 나를 알지 못하였을지라도 나는 네게 칭호를 주었노라"(사 45:4)라는 말씀이 생각나 잠시 쉼을 얻곤 했다.

그러나 이렇게 전전긍긍하며 지내는 동안 죄짓는 일에는 전과 비교할 수 없을 만큼 예민해져 있었다. 바늘이나 작대기 같은 것을 집어들 엄두도 나지 않았다(작은 죄라도 짓기가 무서웠다는 의미-역자 주). 이제는 양심이 너무나 쓰라려서 조금만 건드려도 아플 것 같았기 때문이다. 말을 어떻게 해야 할지도 몰랐다. 엉뚱한 말을 내뱉거나 말을 곡해할까봐 두려웠다. 말과 행동 하나하나에 얼마나 주의를 기울였는지 모른다. 조금만 움직여도 가라앉는 늪에 빠진 것만 같았고, 하나님과 그리스도와 성령님과 모든 선한 것들로부터 멀리 떨어진 곳에 버려진 것만 같았다.

그러나 내가 회심하기 전에 그렇게 큰 죄인이었는데도 하나님은 나의 무지로 인한 죄에 대해서는 그리 심하게 죄의 책임을 묻지 않으셨음을 발견했다. 오히려 내가 죄인이기 때문에 그리스도를 모시지 않으면 멸망하게 된다고 깨우쳐주셨을 뿐이다. 나는 흠 없이 하나님 앞에 나아가게 해줄 완전한 의義가 내게 없다는 것을 알았고, 이 의는 예수 그리스도 외에 다른 데서는 발견할 수 없다는 것을 알았다.

그러나 원초적인 내면의 부패가 나의 전염병이자 고통이었다. 그것이 내 속에서 무서운 기세로 발휘되는 것을 보았고, 여기에 큰 죄책감을 가지고 있었다. 그런 이유에서 나 자신이 두꺼비보다 더 혐오스러웠고, 하나님이 보시기에도 그럴 거라고 생각했다. 샘에서 물이 솟아오르듯 죄와 부패가 내 마음에서 저절로 끓어올랐다. 이 세상 모든 사람이 나보다 좋은 마음을 가지고 있다고 느껴졌다. 누구와도 내 마음을 교환할 용의가 있었다. 마음이 악하고 부패하기로는 이 세상에서 오직 마귀만이 나와 견줄 수 있을 것이라고 생각했다. 그러므로 내 악한 상태 때문에 나는 깊은 절망에 빠져들었다. 내가 처한 이 상태는 은혜를 받더라도 뒤집을 수 없다고 결론지었다.

'아, 난 확실히 하나님께 버림받았구나. 마귀와 사악한 마음에 넘겨진 게 틀림없구나.'

한동안 그런 상태로 지냈는데, 그 시간을 다 합하면 여러 해를 그렇게 지낸 셈이다.

세상살이의 고단함이 다가 아니다

멸망에 대한 두려움에 시달리며 지내는 동안 궁금한 것 두 가지가 있었다. 하나는 노인들이 마치 이 세상에서 영원히 살 것처럼 이생의 일에 연연하는 모습이었고, 다른 하나는 신자들이 배우자나 자식과 사별하는 등의 외적인 상실을 당하여 크게 좌절하고 주저앉는 모습이었다.

"주님, 이렇게 사소한 일들로 세상은 얼마나 분주한지요. 이 세상 것을 얻으려고 저렇게들 노심초사하며, 그것을 상실하면 하늘이 무너지기나 한 것처럼 낙심합니다. 저들이 현세의 것을 위해 저렇게 수고하고 많은 눈물을 흘릴진대 저는 얼마나 가련하고 동정과 긍휼이 필요한 사람입니까? 내 영혼은 죽어가고 있고, 멸망에 처해 있습니다. 만약 내 영혼이 건강하고, 그것을 확신할 수만 있다면, 설혹 빵과

물만 먹고살아도 나는 큰 부자가 된 것처럼 넉넉하게 살 수 있을 것입니다. 그러면 세상살이의 고단함이 사소한 고민거리가 되어 가벼운 짐 지듯 지고 나갈 수 있을 것입니다."

심령이 상하면 그것을 누가 일으키겠느냐 잠 18:14

죄책감을 해결하는 올바른 방법

나는 나의 악함을 인식하고 그것이 무서워서 많은 괴로움과 고통에 시달리면서도 이 일이 아무 교훈도 남기지 않고 조용히 잊혀질까 봐 두려웠다. 양심을 찌르는 죄책감을 올바른 방법으로, 즉 그리스도의 보혈로 해결하지 않으면 마음의 평안을 빼앗겨 차라리 죄책감 없이 살던 때보다 더 비참해진다는 것을 알게 되었다. 그래서 죄책감에 심하게 눌리는 날에는 그리스도의 보혈로 씻어달라고 간곡히 부르짖었다.

혹시라도 보혈과 무관하게 죄책감이 가벼워지기라도 하면(죄의식은 때로 희석되어 사라진 것처럼 보이기 때문에) 지옥 불로 당할 죄의 형벌을 떠올리고 억지로라도 죄책감을 도로 일으켜 이렇게 기도했다.

"주님, 올바른 방법이 아니라면 절대 마음을 놓지 않게 해주옵소서. 내 영혼을 그리스도의 보혈로 씻고, 그를 통해 주님의 자비를 받지 않으면 진정한 평안이란 없습니다."

그리고 이 말씀이 마음을 떠나지 않았다.

피 흘림이 없은즉 사함이 없느니라 히 9:22

내가 이 문제로 더 전전긍긍했던 이유는 양심에 입은 상처를 견디기가 어려워 울며 기도하는 사람들을 본 적이 있기 때문이다. 그러나 그들은 죄 용서의 문제가 해결되지 않은 상태에서 양심의 고통이 누그러지자 죄책감이 어떻게 해서 사라졌는지 개의치 않았고, 결국 그것을 마음에서 지워버렸다. 죄책감을 잘못된 방식으로 제거했기 때문에 마음에서 그것이 씻긴 것이 아니었다. 따라서 그들은 죄책감에 시달릴 때보다 더 완고하고 어두워지고 악해졌다. 이런 전례를 보았기 때문에 나도 그렇게 될까봐 두려워서 하나님께 더욱 간구하게 되었다.

멸망에 대한 두려움

이제는 하나님께서 나를 사람으로 지으신 사실마저 몹시 서운했다. 혹시 내가 하나님께 버림받은 자가 아닐까 두려웠던 것이다. 나는 회심하지 못한 사람이야말로 모든 피조물 가운데 가장 불쌍한 존재라고 여겼다. 가련한 상태에서 아파하고 뒤척이면서, 나는 세상에서 외톨이이며 가장 불행한 사람이라고 여겼다. 나를 인간으로 지어주신 하나님께 감사할 만큼 마음이 거룩해질 가능성이 없다고 생각했다.

인간은 보이는 세계에 존재하는 피조물 가운데 가장 고귀하게 지음을 받았지만, 죄로 인해 가장 비천한 상태로 전락했다. 짐승이나 새와 물고기들은 죄성罪性이 없으므로 하나님의 진노를 받지 않아도 되고, 죽어서도 지옥 불에 들어가지 않아도 되는 것이 부러웠다. 차라리 그들 중 어느 하나로 태어났더라면 좋을 뻔했다고 생각하기도 했다.

하나님의 사랑에서
절대 끊을 수 없다

chapter 05

다른 아무 피조물이라도 우리를 우리 주 그리스도 예수 안에 있는 하나님의 사랑에서 끊을 수 없으리라 롬 8:39

너는 내 사랑이다

이 상태로 한동안 지내다가 위로의 때가 오자, 어느 목사님이 "내 사랑 너는 어여쁘고도 어여쁘다"(아 4:1)라는 구절로 설교하는 것을 들었다. 그 목사님은 '내 사랑'이라는 두 단어를 주제로 설교하고 나서 몇 가지 결론을 내렸다.

첫째, 교회 곧 구원받은 모든 영혼은 사랑받을 만하지 않더라도 그리스도의 사랑의 대상이다.

둘째, 그리스도의 사랑에는 조건이 없다.

셋째, 그리스도의 사랑은 세상으로부터 미움을 받는다.

넷째, 그리스도의 사랑은 영혼이 유혹이나 버림을 받을 때에도 계속된다.

다섯째, 그리스도의 사랑은 처음부터 끝까지 한결같다.

그때 나는 설교 내용을 다 이해하지 못했다. 다만 넷째 사항을 적용할 때는 알아들었다.

"구원받은 영혼이 유혹과 버림을 받을 때에도 그리스도의 사랑의 대상이라면, 유혹에 빠진 가련한 그대가 여러 유혹에 시달리고 하나님께서 그대에게 얼굴을 가리시어 괴로울 때 '내 사랑'이라는 두 단어를 생각하십시오."

설교를 듣고 집으로 돌아오는 길에도 두 단어가 머릿속을 떠나지 않았다.

'이 두 단어(내 사랑)를 생각한다고 해서 내가 얻을 수 있는 것이 있을까?'

마음속으로 자문했던 일이 지금도 생생하다. 이 생각을 하자마자 '너는 내 사랑이다. 너는 내 사랑이다' 하는 생각이 마음속에서 스무 번쯤 뜨겁게 타올랐다. 이 생각이 강렬하고 뜨겁게 차올라 마침내 고개를 들고 하늘을 우러러 보게 만들었다.

하지만 나는 여전히 소망과 두려움의 중간 지대에서 '그것이 진짜 사실일까? 그것이 사실일까?' 하고 되뇌었다.

그때 이런 말씀이 떠올랐다.

> 베드로가 나와서 따라갈 새 천사의 하는 것이 참인 줄 알지 못하고 환상을 보는가 하니라 행 12:9

그때부터 나는 이 말씀을 마음 고이 간직했다. 그 말씀이 내 영혼에 "너는 내 사랑이다. 너는 내 사랑이다. 아무것도 너를 내 사랑에서 끊을 수 없다"라는 음성으로 수없이 울려 퍼지게 했다. 나는 그 음성에 충만한 위로와 소망을 맛보았으며, 내 죄가 용서받았음을 믿을 수 있었다.

하나님의 자비와 사랑에 흠뻑 취한 나머지 집에 도착할 때까지 도무지 나를 주체할 수가 없어서 밭에 앉아 있는 까마귀들에게라도 내가 받은 사랑과 자비를 말하고 싶었다. 나는 기쁨을 억누르지 못하고 나 자신에게 이렇게 말했다.

"아, 이곳에 펜과 잉크가 있어서 시간이 더 가기 전에 이 일을 기록해둘 수만 있다면! 그러면 40년의 세월이 지난 후에도 이 순간을 기억할 텐데!"

그러나 40일도 지나지 않아 그 일에 대해 의심이 들기 시작했고, 이제는 모든 일이 의심스러웠다.

하늘의 경종

그때의 감격과 활력을 꽤 잃어버리긴 했지만, 그래도 그 일이 내 영혼에 임한 참된 은혜의 깨달음이었다고 믿게 만드는 사건이 있었다. 그 일을 겪고 1,2주가 지났을 때 "시몬아, 시몬아, 보라 사단이 밀 까부르듯 하려고 너희를 청구하였으나"(눅 22:31)라는 말씀에 무척 시달렸다. 때로는 그 말씀이 속에서 굉음처럼 들렸다. 한번은 그 소리가 너무나 생생하고 강렬해서 누가 나를 부르는 줄 알고 뒤를 돌아보기도 했다.

나는 줄곧 주님께서 그토록 먼 거리에서, 내가 기도하고 분발하도록 큰 소리로 부르셨다고 생각했다. 먹구름과 폭풍우가 내 위에 형성되고 있음을 알려주시려는 것이었으나 그때 나는 깨닫지 못했다. 그리고 그 말씀이 그토록 분명하게 나를 불러준 때가 내 귀에 음성이 들린 마지막 순간이었음을 기억한다. 그런데 지금도 "시몬아, 시몬아" 하는 말씀이 귓가에 쩌렁쩌렁 울리는 것만 같다. 앞서 말한 것처럼, 나는 누군가 수백 미터 뒤에서 나를 부르는 줄로만 알았다. 내 이름을 부른 게 아니었는데도 그 큰 소리가 나를 부르는 소리인 줄 알고 자주 뒤를 돌아보았다.

그러나 나는 참 어리석고 무지한 사람이어서 이 소리가 들린 이유를 깨닫지 못했다. 얼마 후에 확연히 보고 듣게 되었지만, 그것은 내게 앞날에 깨어 대비하라고 하늘에서 울려준 경종警鐘이었던 것이다. 하지만 그때 나는 왜 하필 이 말씀이 들렸는지, 그것도 그렇게 자주 내 귀에 들렸는지 의아했다.

참람한 생각들이 몰아치다

나는 곧 그 일에서 하나님의 뜻을 깨닫게 되었다. 한 달쯤 지나 어마어마하게 큰 폭풍우가 나에게 불어 닥쳤다. 그 폭풍우가 나를 전보다 스무 배는 더 악하게 되돌려놓았다. 그 폭풍우는 내가 가진 것을 하나씩 차례대로 앗아갔다. 처음에는 모든 위로를 앗아갔고 곧이어 어둠이 나를 뒤덮었으며, 그 다음에는 하나님과 그리스도와 성경에 대한 참람한 생각들이 성난 파도처럼 내 영혼을 덮쳐 이루 말할 수 없는 큰 혼란과 충격에 빠뜨렸다.

이런 참람한 생각들이 내 속에 하나님과 그분의 독생자의 존재 자체에 대한 의심을 격동시켰다. 하나님과 예수님이 진짜 존재하는지, 성경이 하나님의 거룩하고 순결한 말씀이 아니라 꾸며낸 이야기가 아닌지 의심이 사납게 일었다.

마귀는 그 틈을 타서 다음과 같은 생각으로 수없이 나를 공격했다.

'우리가 예수를 우리의 구주救主로 받아들일 만한 근거를 갖고 있듯이, 이슬람교도들도 똑같이 마호메트를 자기들의 구주로 받아들일 근거를 갖고 있지 않은가? 만약 천국이 정말로 있다면 어떻게 세상의 그 많은 사람들이 천국 가는 바른 길을 모를 수가 있으며, 지구의 한 모퉁이에 사는 우리만 그것을 아는 복을 누린다는 말인가? 사람은 누구나 자신이 믿는 종교가 가장 옳다고 생각하기 마련이다. 유대인, 이슬람교도, 이교도 등도 다 마찬가지다. 우리가 주장하는 신앙과 그리스도와 성경도 그런 신념 가운데 하나일 뿐이라면 어떻게 할 것인가?'

이런 생각이 들 때면 사도 바울이 이에 대해 비판해놓은 내용을 떠올리며 반박해보려고 했다. 그러나 그럴 때마다 다음과 같은 주장들이 나를 공격했다.

"우리가 사도 바울과 그가 한 말을 위대하다고 떠받들었지만, 실은 그가 치밀하고 교활한 자라서 간교한 속임수로 동료들을 속이고 멸망에 떨어뜨리는 일에 힘썼다고 생각하지 말라는 보장이 도대체 어디 있는가?"

지금이라면 말이나 글로 표현할 엄두도 나지 않는 이런 생각들이 내 마음을 강하게 사로잡았다. 이런 생각들이 다양한 형태로 쉬지 않고 마음을 짓누른 까닭에 아침에 눈 뜰 때부터 밤에 잠들 때까지 내 속은 오직 그 생각으로만 채워져서 다른 생각이 비집고 들어갈 틈이 없어 보였다.

죄를 짓고 싶은 강한 유혹

또한 나는 하나님께서 내 영혼에 진노하사 나를 그런 암시들에 넘기셔서 강력한 회오리바람으로 그것들과 함께 날아가게 하셨다고 결론지었다. 그런 암시들이 내 마음에 염증을 일으키는 것을 보고서 나는 비로소 내 속에 그것들을 받아들이기 거부하는 어떤 것이 있음을 느꼈다. 하지만 이런 생각조차 하나님께서 내게 침 삼킬 만한 여유를 허락하셨을 때에야 겨우 할 수 있었다. 그만한 여유라도 없었다면 그런 분요하고 사나운 고문이 이런 생각이나 기억마저 남김없이 집어삼키고 태워버리고 말았을 것이다.

이런 고민에 휩싸여 지내는 동안 저주하고 맹세하고 싶은, 혹은 하나님과 예수님 혹은 성경에 대해서 악담을 퍼붓고 싶은 충동이 문득 문득 치밀어 올랐다. 이런 모습을 보면서 내가 마귀에게 사로잡혀 있는 게 분명하다고 생각했다. 어떤 때에는 오감五感을 송두리째 털어 버리고 싶은 마음이 들었다. 다른 사람들과 함께 하나님을 찬송하고 높이는 대신에, 말씀을 들으면 끔찍하고 신성모독적인 생각이 치밀어 오르곤 했기 때문이다. 따라서 하나님이 계시다고 생각하든, 그런 분이 계시지 않다고 생각하든 간에 사랑과 평안과 감사 같은 감정을 느낄 수 없었다.

이런 것들이 나를 깊은 절망으로 밀어 넣었다. 이런 심리 상태는 하나님을 사랑하는 사람들에게는 나타날 수 없다고 단정 지었기 때문이다. 이런 유혹이 강하게 일 때마다, 나는 내가 유괴되어 집에서 멀어지는 것에 절망하는 어린아이와 비슷하다고 생각했다. 때로는 반발도 하고 고함을 지르며 울기도 해보았으나, 유혹의 날개에 단단히 붙잡힌 채 바람에 실려 자꾸만 멀리 날아갔다. 또한 사울과 그를 사로잡았던 악신惡神이 생각났으며, 내 처지도 그런 것만 같아서 몹시 두려웠다(삼상 16:14 참조).

그 당시에 성령을 거스르는 죄에 관한 다른 사람들의 이야기를 듣게 되었는데, 그때부터 시험자가 그 죄를 짓도록 자꾸 충동질한 까닭에, 그 죄를 반드시 짓게 될 것만 같았다. 다른 죄는 안중에 없어졌고 그 죄에만 온통 관심이 쏠렸다. 만약 말로 그런 죄를 범할 수 있었다면 원하든 원치 않든 내 입이 그 말을 해버리고 말았을 것이다. 이 시험이 나를 그토록 강한 힘으로 몰아세웠기 때문에 입을 열지 않기 위해서 두 손으로 턱을 괴는 자세를 한 적이 많았다. 어떤 때는 그 말을 하고 싶어 근질거리는 입을 막기 위해서 거름 구덩이 같은 곳에 얼굴을 처박기도 했다.

악인에게는 평강이 없다

그때 다시 개와 두꺼비의 처지를 생각하면서, 하나님이 지으신 모든 것의 상태가 나와 내 주위 사람들의 참혹한 상태보다 훨씬 낫다고 생각했다. 정말 내가 개나 말이라면 훨씬 즐거울 것만 같았다. 그것들은 영원한 지옥의 무게에 짓눌려 멸망할 영혼도 없고, 나를 괴롭히는 죄에 시달리는 일도 없을 테니 말이다. 그로 인해 몹시 괴로웠으나, 처지가 이런데도 내 속에 구원에 대한 간절한 열망이 없다는 사실이 나를 더욱 슬프게 했다. 그 과정에서 다음과 같은 성경 말씀이 내 영혼을 아프게 찢어놓았다.

> 오직 악인은 능히 안정치 못하고 그 물이 진흙과 더러운 것을
> 늘 솟쳐내는 요동하는 바다와 같으니라 내 하나님의 말씀에 악
> 인에게는 평강이 없다 하셨느니라 사 57:20,21

그리고 때때로 마음이 매우 강퍅해졌다. 눈물 한 방울에 거액을 준다 해도 흘릴 단 한 방울의 눈물이 없었으며, 그럴 마음조차 없던 때도 있었다. 다른 사람들은 자기 죄를 생각하고 울며 애통해 하기

도 하고, 그리스도로 인해 하나님께 감사하며 기뻐하기도 하고, 차분하고 기쁜 마음으로 하나님의 말씀을 기억하기도 했지만, 유독 나만 격랑에 휩싸여 있었다. 그 속에 너무 깊숙이 잠기는 바람에 이 세상에서 나 한 사람만 이 같은 처지라는 생각이 들었다. 내 모진 운명을 생각할 때 깊은 한숨이 떠날 새가 없었으나, 이 상태를 면할 길이 없었다.

이런 고문이 1년쯤 계속되는 동안에는 언제나 쓰리고 비참한 마음으로 예배를 드렸다. 게다가 하나님을 훼방하려는 생각에 몹시 시달렸다. 설교를 듣고 나면 부정하고 참람하고 절망적인 생각이 엄습해왔다. 성경을 읽어도 모든 게 의문투성이었다. 어느 때는 성경을 읽어도 자꾸 다른 생각이 나서 앞의 내용을 까맣게 잊고 그 순간에 읽고 있는 문장만 눈에 들어왔다.

그 시기에는 기도하는 것도 보통 고역이 아니었다. 어쩔 때는 사탄이 기도하지 못하게 뒤에서 내 옷을 잡아당기는 것만 같았다. 기도시간에 내 곁을 떠나지 않고 서성이다가 결국 기도를 그만두게 만들곤 했다.

"이제 끝내는 게 어때? 서둘러. 기도는 할 만큼 했으니 이제 그만해도 돼!"

이런 말로 내 마음을 몰아갔다.

때로는 사탄을 위해 기도하고자 하는 악한 생각을 불어넣기도 했다. "만일 내게 엎드려 경배하면"(마 4:9)이라는 구절이 가끔 생각났다. 기도할 때마다 생각을 하나님께 집중하려고 노력했지만, 시험자가 내 마음을 휘저어 산란케 하고 혼란에 빠뜨렸다. 수풀과 황소와 빗자루 같은 형상들을 떠오르게 하여 마치 내가 그 형상들에게 기도하는 것처럼 몰아갔다. 어떤 때는 더 심하게 내 마음을 붙잡아 그것들을 생각하거나 그것들을 향해 끝내 기도하도록 만들었다.

누구도 하나님의 사랑에서 끊지 못한다

그러면서도 이따금 하나님과 그분의 복음의 진리에 대해서 확고하고도 가슴 벅찬 깨달음을 얻기도 했다. 그럴 때마다 속에서 얼마나 강렬한 탄식이 솟구치던지 한마디 한마디에 나의 온 영혼이 실려 나왔다. 하나님 앞에서 나를 긍휼히 여겨달라고 고통스럽게 부르짖었다. 하지만 그것도 잠깐, 하나님이 이런 나의 기도를 비웃으실 것만 같아서 또다시 좌절했다. 하나님이 거룩한 천사들 앞에서 꼭 이렇게 말씀하실 것만 같았다.

"너는 아주 뜨겁게 자비를 구한다만, 네 열정을 곧 식혀주마. 그 상태는 오래가지 못할 것이다. 많은 사람들이 너처럼 잠시 열심을 냈지만 내가 그들의 열심을 식혀버렸다."

이런 생각과 함께 신앙을 버리고 떠난 사람들이 눈앞에 떠올랐다. 나도 그들처럼 될까봐 두려운 마음에 이렇게 생각하기로 했다.

'이런 마음이 드는 것이 그래도 감사한 일이다. 정신을 차리고 내가 할 수 있는 일을 하자!'

이때 사탄이 말했다.

"네가 아무리 정신을 차리더라도 내가 너를 가만 놔두지 않을 것이다. 네가 의식하지 못하도록 조금씩 네 열정을 식힐 것이다. 지난 7년간 네 마음을 식혀왔는데 그렇게 하지 못할 것 같은가? 끊임없이 흔들면 우는 아이도 잠드는 법이다. 나는 마음먹고 그렇게 할 생각이며, 끝내 내 목적을 달성하고 말 것이다. 지금은 네 마음이 뜨겁게 달아올라 있지만, 나는 이 불을 끌 수 있다. 나는 전처럼 너를 차갑게 식힐 수 있다!"

이런 생각들이 나를 아주 옹색한 지경으로 몰고갔다. 그 당시에도 죽음을 맞을 준비가 전혀 되어 있지 않았지만, 오래 살수록 더 엉망이 될 거라고 생각했다. 세월이 모든 것을 잊게 하고, 죄에 대한 기억과 천국의 가치, 그리스도의 보혈로 씻음을 받아야 할 필요조차 마음에서 지울 것이기 때문이었다. 그러나 그리스도 예수께 참으로 감사드리는 것은, 이런 생각들이 그분을 향한 부르짖음을 위축시키지 않고 오히려 여성이 성 추행자를 만났을 때처럼 더욱 크게 부르짖게 만들었던 것이다(신 22:27 참조).

한동안 이런 일들로 홍역을 치르고 나서 들은 말씀이 참으로 좋았다.

내가 확신하노니 사망이나 생명이나 천사들이나 권세자들이
나 현재 일이나 장래 일이나 능력이나 높음이나 깊음이나 다른

아무 피조물이라도 우리를 우리 주 그리스도 예수 안에 있는
하나님의 사랑에서 끊을 수 없으리라 롬 8:38,39

그제야 오래 사는 것이 나를 멸망시키지도, 천국을 잃게 하지도 않
으리라는 소망이 생겼다.

나를 붙들어준 말씀들

내가 시험을 만나 여러 가지로 고생할 때 나를 붙들어준 몇 가지
말씀이 있었다(물론 당시에는 그것들도 내게는 다 의문거리였지만). 특히 예
레미야서 3장 1절 말씀이 마음에 오래 남았다.

나 여호와가 말하노라 네가 많은 무리와 행음하고도 내게로 돌
아오려느냐

우리가 온갖 악한 말을 다 하고 악행을 다 범한 뒤에도 여전히 하
나님께 "나의 아버지여 아버지는 나의 소시의 애호자시오니"(렘 3:4)
라고 부르짖으며 그분에게 가려고 한다는 말씀도 마음에 오래도록
남았다.

또한 고린도후서 5장 21절을 읽고 나서는 한동안 가슴이 뭉클하기
도 했다.

하나님이 죄를 알지도 못하신 자로 우리를 대신하여 죄를 삼으
신 것은 우리로 하여금 저의 안에서 하나님의 의義가 되게 하려
하심이니라

하루는 이웃집에 갔다가 속에서 치솟는 참람한 생각들 때문에 몹
시 상심해 있을 때, 이런 생각이 들었다.

'나처럼 사악하고 가증스러운 자가 어찌 영생을 유업으로 물려받
을 생각을 한다는 말인가?'

그런데 거의 동시에 떠오르는 말씀이 있었다.

만일 하나님이 우리를 위하시면 누가 우리를 대적하리요 롬 8:31

또한 요한복음 14장 19절 말씀도 유익했다.

이는 내가 살았고 너희도 살겠음이라

이 말씀들은 마음에 잠시 머물러 있을 때는 참으로 달았으나, 오래
머물지 않고 잠시 마음을 건드린 후에 베드로가 환상으로 본 보자기
처럼 곧 하늘로 들려 올라갔다(행 10:16 참조).

주님은 나에게 주님을 더 충만히 큰 은혜로 알려주셨으며, 앞서 말
한 생각들을 통해 나를 짓누르던 죄책감에서 건져주셨을 뿐 아니라

죄로 인한 오염에서도 건져주셨다. 시험이 걷히고 나는 다른 그리스도인들과 마찬가지로 다시 온전한 마음을 되찾았다.

주님이 조명해주신 말씀

언젠가 시골길을 걸어가면서 내 마음의 사악함과 참람함과 내 속에 있는 하나님에 대한 반감을 생각할 때 떠오르는 말씀이 있었다.

> 그의 십자가의 피로 화평을 이루사 골 1:20

이 말씀에 힘입어 하나님과 내 영혼이 그리스도의 보혈로 화목하게 되었음을 거듭 깨닫게 되었다. 그리스도의 보혈로 말미암아 하나님의 공의와 내 죄악 된 영혼이 서로 포옹하고 입 맞추게 된 것도 알게 되었다. 참으로 가슴 벅찬 날이었다. 그날을 영원히 잊지 않기를 소망한다.

또 한번은 집 난롯가에 앉아 나의 비참함을 생각하고 있을 때 주님이 아주 소중한 말씀을 내 마음에 비춰주셨다.

> 자녀들은 혈육에 함께 속하였으매 그도 또한 한 모양으로 혈육
> 에 함께 속하심은 사망으로 말미암아 사망의 세력을 잡은 자
> 곧 마귀를 없이 하시며 또 죽기를 무서워하므로 일생에 매여
> 종노릇하는 모든 자들을 놓아주려 하심이니 히 2:14,15

그 순간 이 말씀이 어찌나 영광스럽고 황송한지 앉은자리에서 한 두 번 쓰러질 뻔했는데, 이번에는 슬픔과 고통 때문이 아니라 견고한 기쁨과 평안에 겨워 그랬던 것이다.

쏟아지는 말씀의 단비와
계속되는 사탄의 시험

chapter 06

나의 행보를 주의 말씀에 굳게 세우시고 아무 죄악이 나를 주장치 못하게 하소서 시 119:133

제때 내리는 단비 같은 교훈

그 무렵, 나는 기퍼드 목사의 지도를 받았다. 하나님의 은혜로, 그분의 가르침이 안정을 찾는 데 퍽 유익했다. 기퍼드 목사는 하나님의 백성들을 인간의 본성상 빠지기 쉬운, 어렵고 유해한 시험에서 구해내는 일을 자신의 주된 과업으로 삼았다. 그 분은 어떤 책이나 사람에게서 들은 사상을 쉽게 믿지 말고, 성령으로 말미암아 하나님의 거룩한 말씀을 깨닫고 그 안에서 굳게 서게 해달라고 하나님께 간절히 구하라고 우리에게 몇 번이나 당부했다.

목사님이 해주신 말씀이 지금도 기억난다.

"시험이 강하게 다가올 때 하늘에서 온 증거로 말씀을 받아 확실히 간직하지 않으면, 한때 여러분을 자학하게 만든 생각을 뿌리칠 도움과 힘을 얻지 못할 것입니다."

기퍼드 목사의 교훈은 때에 맞는 이른 비와 늦은 비처럼 내 영혼에 시의적절하게 도움을 주었다. 나는 슬프고 어려운 시절을 지내면서 그 교훈이 얼마나 참인가 하는 것을 뼈저리게 터득했다. 특히 마귀에게 시험을 받을 때 "하나님의 영靈으로 말하는 자는 누구든지 예수를 저주할 자라 하지 않고 또 성령으로 아니하고는 누구든지 예수를 주主시라 할 수 없느니라"(고전 12:3)라는 말씀이 과연 참되다는 것을 확인했다.

그러므로 나는 내 영혼이 은혜로 말미암아 이 교훈을 들이마시고, 하나님의 영광과 나의 영원한 복에 관련된 일에 하늘의 확증 없이 버려두지 마시도록 하나님께 구하는 마음이 들었다. 이제는 육신의 생각과 하나님의 계시 사이에 현저한 차이가 있다는 것을 분명히 안다. 또한 믿음의 모양은 있으나 실제로는 인간의 지혜를 따르는 믿음과 하나님이 계시를 조명해주셔서 얻는 믿음 사이에도 큰 차이가 있다는 사실도 알게 되었다(마 16:17 ; 요일 5:1 참조).

말씀으로 깨우침받다

이제는 하나님의 은혜로 예수님의 탄생과 유아기부터 승천과 세상을 심판하시기 위한 재림에 이르기까지 진리에서 진리로 확고히 인도를 받게 되었다. 이 일을 겪으면서 크신 하나님께서 나 같은 자를 얼마나 선대하셨는가를 깨닫게 되었다.

내가 기억하는 한, 하나님이 내게 알게 하기를 기뻐하지 않으신다는 것을 알고 깨닫게 해달라고 매달린 적이 한 번도 없었기 때문이다. 다시 말해서 주 예수의 복음 가운데 내가 바로 배워 깨닫지 못한 부분이 하나도 없었다는 것이다.

나는 하나님께서 우리를 구원하시려고 예수 그리스도를 보내셔서 그분의 잉태와 탄생 때부터 심판하시려고 재림하시는 순간까지 이루시는 크고 기이한 일들을 사복음서에서 뚜렷이 확인한 것 같았다. 예수님의 탄생의 순간과 자라는 모습, 그리고 요람에서 십자가까지 이 세상을 걸어가신 행적을 직접 본 것만 같았다. 그분이 내 죄와 악행을 위해서 십자가에 달려 못 박히기까지 순순히 자신을 내어주신 것을 보았다.

그리스도의 행적을 생각하다가 그분이 죽임을 당하시도록 예정되었다고 말하는 구절이 문득 떠올랐다(벧전 1:11, 20 참조). 또 그리스도의 부활을 생각하며 "나를 만지지 말라 내가 아직 아버지께로 올라가지 못하였노라"(요 20:17)라는 구절을 기억하자니, 마치 그분이 우리의 두려운 원수들을 정복하시고 다시 살아나셔서 무덤 문을 열고 기쁨이 가득한 표정으로 나오시는 모습을 보는 것 같았다. 또한 그분이 나를 위해서 하나님 우편에 앉으신 모습과 장차 세상을 심판하시기 위해서 하늘에서 영광 중에 강림하실 모습을 마음의 눈으로 그려보았고, 다음과 같은 구절들로 이러한 생각을 거듭 확인해보았다(행 1:9, 7:56, 10:42 ; 히 7:24 ; 계 1:18 ; 살전 4:17, 18 참조).

한때 나는 주 예수님이 하나님이신 동시에 사람이고, 사람인 동시에 하나님이시라는 것을 잘 이해하지 못했다. 사람들이 무어라 말해도 하늘로부터 오는 증거를 직접 보기 전에는 그런 말들이 다 공허할 뿐이었고, 하나님의 진리가 하나도 마음에 와 닿지 않았다. 이 문제가 나를 심하게 괴롭혔으나 그것을 어떻게 하면 풀 수 있을지 알 방법이 없었다. 그러던 중 요한계시록 5장 6절이 생각났다.

> 내가 또 보니 보좌와 네 생물과 장로들 사이에 어린양이 섰는데 일찍 죽임을 당한 것 같더라 일곱 뿔과 일곱 눈이 있으니 이 눈은 온 땅에 보내심을 입은 하나님의 일곱 영이더라

성경을 펼쳐 이 구절을 읽으면서 '보좌 한가운데는 신성神性이 계시고, 장로들 한가운데는 인성人性이 계시는구나' 하는 생각이 들었다. 잠깐 스치고 지나간 생각이었는데, 그것이 내게 적지 않은 만족을 주었다.

이 문제를 해결하는 데 무척 도움이 된 또 다른 말씀이 있었다.

> 이는 한 아기가 우리에게 났고 한 아들을 우리에게 주신 바 되었는데 그 어깨에는 정사를 메었고 그 이름은 기묘자라, 모사라, 전능하신 하나님이라, 영존하시는 아버지라, 평강의 왕이라 할 것임이라 사 9:6

진리의 확증

주님은 나를 이렇게 성경 말씀으로 깨우쳐주셨을 뿐 아니라 두 가

지를 쓰서서 그 진리를 확증해주셨다. 하나는 '광신자들의 오류'였고, 다른 하나는 '죄책감'이었다. 광신자들이 진리를 비판하는 데 대해서, 주님은 그 진리를 놀라울 정도로 확고히 뒷받침하는 말씀들로 이끄서서 확신에 이르게 하셨다.

광신자들이 주장한 오류는 이와 같았다.

첫째, 성경은 하나님의 말씀이 아니다.

둘째, 세상 모든 사람은 그리스도의 영과 은혜와 믿음을 소유하고 있다.

셋째, 그리스도 예수는 오래 전에 십자가에 달려 죽으셨으므로 현대인들의 죄에 대한 하나님의 공의公義를 만족시키지 못한다.

넷째, 그리스도의 살과 피는 성도들 안에 있다.

다섯째, 교회 묘지(비국교도들을 탄압하던 로마 교회나 영국국교회의 묘지 - 역자 주)에 묻힌 자들의 육체는 선인이든 악인이든 다시 살아나지 못할 것이다.

여섯째, 선한 사람들을 위한 부활은 이미 지나갔다.

일곱째, 유대 땅 갈보리 언덕에서 두 강도 사이에 십자가에 달린 인간 예수는 별이 빛나는 하늘로 승천하지 않았다.

여덟째, 유대인들의 손에 죽은 예수가 마지막 날에 다시 와 인간으로서 모든 민족을 심판하지 않을 것이다.

당시 광신자들은 이처럼 혹은 이보다 더 사악하고 가증스러운 이단 사설들을 퍼뜨렸다. 나는 이런 주장을 대할 때마다 성경을 더 철저히 탐구했고, 성경의 빛과 증거에 힘입어 사실을 환하게 깨달았을 뿐 아니라 진리를 확증하고 큰 위로를 받았다.

앞서 말했듯이 죄책감도 나에게는 큰 도움이 되었다. 죄책감이 밀려올 때마다 성경 말씀대로 그리스도의 보혈이 거듭해서 내 죄책감을 거두어갔다. 당신도 예수 그리스도를 당신에게 계시해달라고 부르짖기를 바란다. 그분처럼 가르쳐주시는 분은 없다.

하나님께서 그리스도에 관한 교훈으로 어떻게 나를 굳게 세워주셨는지, 어떻게 나를 진리의 말씀으로 인도하셨는지, 어떻게 진리의 말씀을 내게 열어주셔서 내 앞에 환히 빛나게 하셨는지, 말씀이 내 마음에 늘 거하게 하셨는지, 하나님과 하나님의 아들과 성령으로, 그리고 말씀과 복음으로 나와 말씀하시고 내게 위로를 주셨는지 여기서 일일이 말하자면 지면이 부족할 것이다.

의심 후 찾아온 진리

앞에서도 말했고 또 말하겠지만, 하나님께서는 나를 다음과 같은 방식으로 대하기를 기뻐하셨다. 먼저 나를 진리의 말씀에 대한 의심으로 심한 고통 속에 밀어 넣으신 다음에 진리를 비춰주셨다. 어떤 때는 죄책감에 몹시 짓눌려 그 무게를 이기지 못하고 완전히 주저앉았을 때 주께서 그리스도의 죽으심의 의미를 깨우쳐주시기도 했다.

나의 양심에 그리스도의 피를 뿌려주셔서, 조금 전까지만 해도 율법이 지배하고 활개를 치던 내 양심이 그리스도로 말미암은 하나님의 평안과 사랑에 거하며 안식하는 것을 보았다.

이제 나에게는 내 구원이 하늘에서 왔다는 증거가 있고, 그 증거에 황금 도장이 수없이 찍혀 있는 것을 본다. 이제는 이렇게 찾은 은혜를 편안하고 감사한 마음으로 기억할 수 있다. 마지막 날이 임할 때, 내 죄를 위해 머리에 가시 면류관을 쓰시고 얼굴에 침 뱉음을 당하시고 몸이 상하시고 영혼이 제물로 바쳐지셨던 주님을 직접 뵙고 대화하게 될 기대감으로 자주 마음이 설레고 열망에 사로잡히곤 했다. 전에는 지옥 문 앞에서 끊임없이 두려워 떨었으나 지금은 돌아봐도 그 자취가 가물가물할 정도로 그곳에서 멀리 떠나왔다는 생각이 들었다. 내 나이가 80세쯤 되어서 속히 세상을 떠나 영혼이 안식에 들어가면 좋을 것 같았다.

그러나 나를 괴롭히던 시험에서 멀리 벗어나기 전, 내가 태어나기 수백 년 전에 살았던 거룩한 분들이 어떤 경험을 했는지 확인해보고 싶었다. 과거 신앙 저자들과 달리, 이 시대에 글을 쓴 저자들은 다른 사람들이 느낀 것을 글로 적거나 자신들이 깊이 체험하지 못한 번민과 고통을 다른 사람들의 경우를 놓고 연구하고 파악하여 소개해놓은 것뿐이라고 생각했다. 하지만 그 생각이 옳지 못했음을 인정하고 용서를 구한다.

어쨌든 그토록 열망하던 끝에, 인간의 역사와 길을 다 알고 주관하시는 하나님께서 어느 날 내 손에 마르틴 루터가 쓴 《갈라디아서 주석》Comment on the Galatians을 쥐여주셨다. 그 책은 꼭 붙들고 읽지 않으면 낱장이 떨어져나갈 것 같은 낡은 책이었다. 이렇게 오래된 책이 수중에 들어온 것이 아주 기뻤다. 앞부분을 몰입해서 읽다가 그가 자신의 경험을 통해서 나의 상태를 아주 상세하고 깊이 다룬 것을 발견했다. 마치 내 손으로 직접 쓴 것 같은 느낌이었다.

너무나 놀라웠다. 루터는 이 시대 그리스도인의 상태에 관해 전혀 알 수 없고, 다만 자기 시대의 경험에 관해 쓰고 말했을 것이다. 게다가 그 책에서 이런 시험들과 번민들, 즉 신성모독과 절망 같은 상태가 발생하는 원인에 관해 매우 진지하게 논하면서, 그것에 모세 율법뿐만 아니라 마귀와 죽음과 지옥도 크게 작용하고 있음을 보여주었다. 처음에는 이 말이 매우 이상하게 느껴졌지만, 깊이 생각하고 관찰하면서 그것이 참되다는 것을 알았다. 물론 여기서 마르틴 루터의 글을 구체적으로 소개하려는 것은 아니다. 다만 성경을 제외하면, 내가 가장 좋아하는 책이 루터의 《갈라디아서 주석》이며 상처받은 양심에 가장 적합한 책이라는 점을 모든 사람들 앞에 밝혀두고 싶을 뿐이다.

또다시 찾아온 시험

이제는 내가 그리스도를 깊이 사랑한다고 생각했다. 내 영혼이 그리스도에게 붙어 있고, 내 마음이 그분에게 붙잡혀 있다고 생각했다. 그분을 향한 나의 사랑이 불처럼 뜨겁다고 느꼈다. 이제는 욥처럼 내 보금자리에서 안심하고 죽을 수 있겠다고 생각했다(욥 29:18 참조). 그러나 얼마 못 가서 확연히 알게 되었다. 진중한 줄로만 알았던 내 사랑이 깃털처럼 가볍다는 것과 예수 그리스도를 향해 사랑이 타오르는 줄로만 알았던 내가 지극히 사소한 것을 붙잡느라 그분을 다시 버릴 수 있다는 것을 깨달은 것이다. 하나님께서는 우리 인간을 낮추사 교만을 도저히 감출 수 없게 만드는 법을 알고 계신다.

내가 하나님을 뜨겁게 사랑한다고 확신하자마자 그 사랑이 시험을 당했다. 하나님께서 그토록 크고 괴로운 고통에서 나를 건져주시고, 거룩한 복음을 믿는 믿음으로 세워주시고, 하늘로부터 그토록 강한 위로와 복된 증거를 주셔서 그리스도로 말미암아 하나님을 사랑할 마음을 일으키신 뒤에, 시험자가 다시 나를 찾아왔다. 그의 손에는 전보다 더 중대하고 두려운 시험이 들려 있었다. 이 세상의 것을 줄 테니 지극히 복되신 그리스도를 팔고 떠나라는 것이었다.

그 시험이 1년이나 나를 쫓아다닌 까닭에 나는 한 달도 그것을 떠나 살지 못했다. 때로는 여러 날 동안 단 한 시간도 그 손아귀에서 벗어나지 못해서 잠자리에 들어서도 끊임없이 뒤척이며 괴로워했다. 물론 마음 한구석에는 여전히 "토지를 영영히 팔지 말 것은 토지는 다 내 것임이라"(레 25:23)라는 말씀의 뜻대로 한 번 그리스도 안에 거하게 된 사람은 그분을 영원히 잃지 않는다는 확신이 있었고, 얼마 전에 그것을 뚜렷이 경험했었다. 그런데도 나 같은 자에게 큰 은혜를 베풀어주신 그리스도 예수께 이렇게 불손한 생각을 할 수 있다는 사실이 나를 몹시도 괴롭혔다. 더욱이 당시 내 마음에 출몰하던 생각은 거의 신성모독에 가까운 것이었다.

나는 그런 생각이 싫었고, 그것을 털어버리고 싶었다. 또 그러기 위해 노력도 해보았으나, 끊임없이 강하게 밀려드는 생각을 조금도 털어내거나 줄이지 못했다. 무슨 생각을 하든 그 생각이 끼어들었다. 밥을 먹거나 물건을 줍기 위해 몸을 구부리거나 장작을 패거나 이리저리 바라보거나 무슨 일을 하더라도 유혹해왔다.

"이것을 위해 혹은 저것을 위해 그리스도를 팔아라. 그를 팔아라, 팔아라."

때로는 "그리스도를 팔아라, 팔아라, 팔아라" 하는 생각이 수백 번도 더 내 생각을 관통했다. 나도 모르게 그 제안에 동의하려는 악한 생각을 품을 때도 없지 않았으나, 보통 이런 생각이 들 때마다 온 힘을 다하여 그것을 부정하고 배척했다. 때로는 시험자가 와서 내가 그 생각에 동의했다고 믿도록 만들기도 했다. 그런 일을 당하면 며칠 동안 고문대에 묶여 고초를 당하는 것만 같았다.

가끔 그 시험에 동의하고 굴복하려는 자포자기의 심정이 들 만큼 극도의 불안과 두려움에 내몰릴 때면, "그리스도를 팔아버려라"라는 멸망자의 제안에 "나는 그럴 마음이 없다. 세상을 천 번 만 번을 준다 한들 난 그렇게 하지 않을 것이다" 하고 신속히 대답하느라 무의식중에 손이나 팔꿈치로 허공을 휘젓기도 했다. 그렇게 한 이유는 내가 이런 공박을 당하는 상황에서 나 자신이 어떤 처지에 있는지 전혀 알 수 없고, 어떻게 해야 다시 평정을 되찾을 수 있을지 캄캄할 때에도 그리스도를 함부로 낮춰 생각할까 두려웠기 때문이다.

그 당시에 멸망자는 내가 음식을 편안히 먹도록 놔두지도 않았다. 저녁식사를 하려고 밥상에 앉으면 당장 가서 기도하라고 다그쳤다. 그러면 나는 곧 음식을 놔두고 즉시 일어서야 했는데, 이렇게 마귀는 경건을 가장했던 것이다. 그런 시험이 밀려오면 나는 속으로 이렇게 말했다.

"지금은 밥을 먹고 있으니까 다 먹을 때까지 나를 내버려둬라."

그러면 마귀는 "아니다. 너는 당장 일어나서 기도해야 한다. 그렇지 않으면 하나님을 불쾌하게 하고 그리스도를 업신여기는 것이다"라고 말했다. 내가 이런 식으로 마음고생을 심하게 한 이유는 내 본성이 죄악에 물들어 있었기 때문이었다. 만약 내가 그런 충동이 하나님에게서 온 것으로 생각했다가 그것을 뿌리치게 되면 그것은 하나님을 뿌리치는 셈이 아닌가? 그렇다면 마귀의 시험에 복종해놓고도 마치 하나님의 율법을 범한 것처럼 죄책감을 갖게 되지 않겠는가?

회개할 기회가 없다?

그 뒤에 일어난 일을 간단히 말하자면, 어느 날 아침 여느 때와 다름없이 잠자리에서 눈을 뜨자 그리스도를 팔고 그를 떠나라는 시험이 몹시도 강하게 공격해왔다. "그리스도를 팔아라, 팔아라, 팔아라"

하는 악한 제안이 여전히 내 마음에 남아 있었던 것이다. 나는 여느 때와 마찬가지로 "안 돼. 세상을 천 번 만 번 준다 하더라도 그렇게는 할 수 없어!" 하고 적어도 스무 번쯤 되뇌었다. 마침내 호흡이 가빠질 정도로 심한 마음고생을 한 끝에 이런 생각이 스치고 지나갔다.

'주께서 나를 떠나고 싶으시다면 떠나시도록 하자!'

속에서 기꺼이 그렇게 하리라는 생각이 북받쳐 올랐다. 아, 사탄이 얼마나 주도면밀하고 치열한가! 그에 비해 인간의 마음은 얼마나 취약한가!

그렇게 해서 싸움이 끝나고, 새가 총에 맞아 나무 꼭대기에서 땅바닥으로 곤두박질하듯이 감당할 수 없는 죄책감과 두려운 절망감에 빠져들었다. 자리에서 일어나 흐르는 눈물을 닦으며 들판으로 뛰어나갔다. 어차피 죽어야 할 몸이니 이런 고통은 감내해야 하지 않겠는가 하는 비장한 각오로 한두 시간쯤 죽은 사람처럼 가만히 누워 있었다. 이제 회복 가능성도 사라졌고, 영원한 형벌에 떨어질 일만 남아 있었다.

그런데 다음 성경 말씀이 내 영혼을 꽉 붙잡았다.

음행하는 자와 혹 한 그릇 식물을 위하여 장자의 명분을 판 에서와 같이 망령된 자가 있을까 두려워하라 너희의 아는 바와 같이 저가 그 후에 축복을 기업으로 받으려고 눈물을 흘리며 구하되 버린 바가 되어 회개할 기회를 얻지 못하였느니라 히 12:16,17

이젠 옴짝달싹 못하게 결박된 것만 같았다. 장차 올 심판에 꼼짝없이 빠져든 것만 같았다. 그 후 2년간 내 안에는 저주와 멸망에 대한 기대 말고는 없었다. 내게 남은 것은 그것뿐이었다. 그리고 평안의 때가 아주 잠깐 찾아왔다 사라졌다. 그 말씀이 발목에 찬 족쇄처럼 내 영혼을 결박했고, 마음에 그 말씀이 끊임없이 울리는 상태로 몇 달을 보냈다. 그러던 어느 날 슬픔과 죄책감에 휩싸인 채 모진 인생을 한탄하며 산울타리 밑을 걷고 있는데 갑자기 '그리스도의 보혈이 용서하지 못할 죄란 없다'는 생각이 들었다. 나는 놀라서 그 자리에 멈춰 섰다. 그 생각과 함께 다음과 같은 말씀이 나를 사로잡았다.

> 그 아들 예수의 피가 우리를 모든 죄에서 깨끗하게 하실 것이요
>
> 요일 1:7

그제야 내 영혼에 평안이 깃들었다. 마치 시험자가 내 눈치를 보면서, 자신이 행한 짓을 부끄러워하며 슬금슬금 도망치는 것 같았다. 그와 동시에 내 죄와 그리스도의 보혈이 비교되었다. 내 죄가 그리스도의 보혈에 비하면 이 광활한 벌판에 있는 작은 흙덩어리나 돌에 지나지 않아 보였다. 이런 생각에 두어 시간 동안 꿀맛 같은 평안과 용기를 얻었다. 그 시간에 나는 내 죄를 위해서 고난당하신 하나님의 아들을 믿음으로 바라보았다.

그런데 얼마 지나지 않아 또다시 감당하기 어려운 죄책감으로 마

음이 가라앉았다. 그 이유는 앞서 언급한 장자권을 판 에서에 관한 말씀 때문이었다. 그 말씀이 계속 마음에 남아 나를 끌어내린 까닭에 도저히 마음을 일으켜 세울 수가 없었다. 성경의 다른 부분을 펼쳐 거기서 위안을 얻으려고 해보았으나 그 구절이 계속해서 맴돌았다.

> 너희의 아는 바와 같이 저가 그 후에 축복을 기업으로 받으려
> 고 눈물을 흘리며 구하되 버린 바가 되어 회개할 기회를 얻지
> 못하였느니라 히 12:17

때로 "내가 너를 위하여 네 믿음이 떨어지지 않기를 기도하였노니"(눅 22:32)라는 말씀에서 감화를 받은 것도 사실이다. 그러나 그 말씀이 내 속에 오래 머무르지 않았고, 나처럼 죄를 많이 지은 사람 속에 그런 은혜의 뿌리가 조금이라도 있다고 생각할 만한 근거를 찾을 수가 없었다. 그래서 오랫동안 철저히 찢기고 상한 채 지냈다.

사함 받을 수 없는 죄?

비통한 마음으로 내 죄의 본질과 심각성을 신중하게 생각하면서, 혹시 위안을 얻을 만한 약속이나 격려의 말씀을 발견할까 하고 성경을 읽기 시작했다. 그 가운데 상고하기 시작한 것이 마가복음 3장 28절이다.

사람의 모든 죄와 무릇 훼방하는 훼방은 사하심을 얻되

나는 자못 두근거리는 심정으로 이 말씀이 극악한 죄라도 용서하
신다는 크고 영광스러운 약속을 담고 있다고 생각했다. 하지만 본문
을 끝까지 읽고 나서 생각해보니 그 말씀이 앞서 자연인의 상태에서
본문에 언급된 것과 같은 죄를 범한 사람들에게나 해당될 뿐, 나처럼
과거에 빛과 자비를 얻은 경험이 있는데 그 후에 배반하여 그리스도
를 업신여긴 사람에게는 해당되지 않는다고 생각했다.

오히려 내가 범한 죄는 바로 다음 구절에 나오는, 사함 받을 수 없
는 죄에 해당할지도 모른다는 생각에 몹시 두려웠다.

누구든지 성령을 훼방하는 자는 사하심을 영원히 얻지 못하고
영원한 죄에 처하느니라 막 3:29

아무리 생각해도 내 상태가 꼭 그런 것만 같았다. 히브리서 12장
17절 말씀이 계속해서 떠올랐으며 이 말씀이 나를 떠나지 않았다. 이
제는 나 자신이 나에게 짐이요 공포의 대상이었다. 사는 게 너무 힘
들고 고통스러웠지만 죽기는 두려웠다. 내가 인간이 아닌 다른 존재
였다면 얼마나 좋을까? 지금의 나만 아니라면 무엇이든 기꺼이 감수
할 텐데! 이제는 내 죄를 사함 받고 장차 임할 진노에서 건짐을 받는
다는 게 불가능하다는 생각만 가득했다.

절망과 공포에 시달림

그래서 지난날을 애써 회상해보려고 했다. 시험을 당해 죄에 굴복한 날이 아직 오지 않았다면! 왔더라도 몸이 가루가 될지언정 시험에 동의하여 스스로 내주지 말았더라면! 하지만 나를 이 지경으로 몰아넣은 내 마음과 모든 공격들이 그렇게 원망스러울 수가 없었다. 이제는 아무리 생각하고 소원하고 결심해본들 아무 소용이 없었다. 내가 죄를 짓도록 하나님께서 내버려두셨고, 결국 이렇게 넘어진 것이라는 생각이 스쳐 지나갔다.

> 내가 이전 달과 하나님이 나를 보호하시던 날에 지내던 것같이
> 되었으면 욥 29:2

그러던 중 도저히 멸망당하기 싫고 두려워서 내 죄를 다른 사람들의 죄와 비교해보았다. 구원받은 사람들 가운데 나처럼 살다가 구원받은 사람이 혹시라도 있는지 찾아보고 싶었다. 다윗의 간음과 살인이 생각났고, 그것이 과연 극악한 죄임을 깨달았다. 다윗도 빛과 은혜를 받은 뒤에 그 죄들을 범했다. 하지만 그의 죄는 모세 율법을 범한 것일 뿐이었고, 그런 죄는 그리스도께서 그분의 말씀에 따라 건지실 수 있는 죄라고 그때 나는 생각했다. 그에 비해 내 죄는 복음과 중보자에게 범한 것이었다. 나는 내 구주를 팔아먹은 자였다. 굳이 나를 짓누르는 죄책감이 사라지더라도 내게는 은혜가 없다고 생각하자

다시 형차(刑車, 죄인을 달아매고 찢어 죽이던 수레바퀴-역자 주)에 달려 고문을 당하는 것만 같았다.

"바로 이것이 죄가 아니던가? 이것이 큰 죄과가 아니던가?"(시 19:13 참조)

"악한 자(마귀)가 나를 건드린 것이 틀림없지 않은가?"(요일 5:18 참조)

'아, 이런 말씀 하나하나가 나를 얼마나 아프게 찔렀던가!'

더 나아가 이런 생각이 들었다.

'사함 받을 수 없는 죄, 영혼을 하나님의 자비가 닿지 못하는 곳으로 내모는 죄가 하나뿐일까? 내가 그 죄를 지었다는 말인가? 그것이 확실한가? 수백만 가지 죄 가운데 딱 한 가지 죄만 용서받을 수 없는데, 내가 그 죄를 범한 것이 틀림없는가? 아, 불행한 죄여! 아, 불행한 사람이여!'

이런 생각이 마음을 뒤흔든 까닭에 나는 아무 말도 할 수 없었다. 때로는 그 생각에 너무 골몰하여 곧 실성할 것만 같았다. 설상가상으로 "저가 그 후에 축복을 기업으로 받으려고 눈물을 흘리며 구하되 버린 바가 되어"(히 12:17)라는 말씀이 자꾸만 떠올라 나는 더욱 비참한 나락으로 떨어졌다. 그때 내가 느낀 절망과 공포를 알아줄 사람은 아무도 없었다.

너는 내게로
돌아오라

네 죄를 안개의 사라짐같이 도말하였으니 너는 내게로 돌아오라 내가 너를 구속하였음이니라 사 44:22

죄에 대한 비교의식

그 일을 겪은 후, 베드로가 주님을 부인한 죄에 대해 생각해보았다. 내가 찾아본 사례 중에서 베드로의 경우가 나와 가장 비슷했다. 내가 빛과 자비를 받은 뒤에, 더 나아가 경고까지 받은 뒤에 주님을 부인했듯이 그 역시 자신의 구주救主를 부인했던 것이다. 게다가 그는 그 죄를 한두 번 범한 뒤 잠시 돌아볼 여유가 있었는데도 또다시 죄를 범했다. 이 모든 상황을 종합해보더라도 베드로는 주님을 부정했을 뿐이지만, 나는 내 구주를 팔아넘기는 죄를 범했다는 생각이 또다시 나를 짓눌렀다.

따라서 나는 다윗이나 베드로보다 차라리 가룟 유다에 가깝다고 생각했다. 생각이 여기까지 미치자 속에서 고통이 일어 나를 괴롭혔다. 하나님께서 다른 사람들은 다 지켜주셨는데 나만 올무에 걸렸다고 생각하자 영혼이 산산이 부서지는 느낌이 들었다. 다른 사람들의 죄를 살펴보고 그들과 나를 비교해 보니, 하나님께서 분명히 그들의 악한 죄는 참으시고 보호하셨지만 나는 멸망의 자식이 되도록 그냥 버리셨다는 것을 알았다.

이때만큼 하나님께서 자기 백성을 보호하시는 일이 커 보였던 적이 없다. 하나님이 울타리 안에 넣어주신 자들이 얼마나 안전하게 이 세상을 살고 있는지를 보았다. 그들은 하나님의 보살핌과 보호와 특별한 섭리 안에 있었다. 본질상 그들 역시 나와 다를 바 없이 악했지만, 하나님께서 그들을 사랑하셔서 그들은 자비의 범주에서 벗어나는 법이 없었다.

그러나 나는 이미 끝난 것과 다름없었다. 하나님은 나를 보호하거나 지켜주지 않으셨다. 나는 버림받은 자이기 때문에 내 행위대로 넘어지도록 방치하셨다. 하나님이 자기 백성을 지키시는 일에 관해서 말하는 성경의 복된 말씀들이 내 앞에 태양처럼 찬란하게 빛났으나, 나는 거기에서 위로를 받지 못했다. 다만 주께서 복 주신 자들의 복된 상태와 유업을 뚜렷이 확인할 뿐이었다.

이제 나는 하나님께서 친히 선택하신 자들을 모든 섭리로 보호하시듯, 그들이 죄를 지을 수 있는 모든 유혹에 친히 개입하시어 그들을 악으로 내몰지 않으시고 오히려 유혹과 시련이 그들의 유익이 되게 만드신다는 사실을 알았다. 또 그들을 잠시 유혹과 시련에 방치하시는 목적도 그들을 멸하시려는 것이 아니라 오히려 겸손케 하시려는 것이고, 그들을 영영 쫓아내시려는 것이 아니라 하나님의 자비를 새롭게 맛보라는 것임을 알게 되었다.

하나님이 자기 백성을 그토록 엄하고 두렵게 대하시는 이면에 얼마나 큰 사랑과 배려와 인애와 자비가 흐르는지를 확실히 깨달았다. 하나님은 다윗, 히스기야, 솔로몬, 베드로 같은 자신의 백성들이 넘어질 때 그냥 놔두셨으나, 그들이 사함 받지 못할 죄를 짓거나 죄 때문에 지옥에 떨어지는 것을 방치하지는 않으셨다. 하나님께서 그들을 얼마나 극진히 사랑하셨는가! 비록 그들을 징계하실지라도 친히 안전하게 보호하시고, 그들로 전능자의 날개 그늘 아래 거하도록 하신 것이다.

그러나 이런 생각이 내게 슬픔과 좌절과 공포를 더했다. 하나님이 자기 백성을 어떻게 각별히 보호하시는가를 살피는 것은 너무 견디기 어려운 일이었다. 내가 이 지경으로 전락한 것을 생각하니 가슴이 몹시 아렸다. 그 뜻대로 부르심을 입은 자들에게는 모든 것이 합력하여 '선'善을 이루듯이(롬 8:28), 나 같은 자에게는 모든 것이 합력하여 '해'害를 끼치고 영원한 멸망을 이룬다는 생각이 들었다.

생각이 여기까지 미치자, 나는 내 죄를 가룟 유다의 죄와 비교하기 시작했다. 내 죄가 혹시 사함 받지 못했던 유다의 죄와 다른 점이 있을까 확인하고 싶었던 것이다. '만약 내 죄가 유다의 죄와 머리카락 한 올만큼이라도 다르다면 내 영혼은 참으로 행복하겠다' 하고 생각했다. 가만히 생각해보니 유다의 죄는 고의적인 것이었지만, 내 죄는 기도와 노력에 반하는 것이었다. 게다가 그는 이것저것 다 재본 후에 죄를 범했지만, 나는 충동적으로 죄를 범했다. 그러는 동안에도 에서

의 범죄와 그로 인한 두려운 결과에 관한 경고의 말씀을 끊임없이 마음의 귀로 들으면서 메뚜기처럼 이리 튀고 저리 튀며 근심에서 슬픔으로 내몰렸다.

그래도 유다의 죄를 생각하면서 잠시나마 약간의 위안을 맛보았다. 나는 유다처럼 죄의 길을 끝까지 달리지 않았다고 여겼기 때문이다. 그러나 이 같은 위안은 오래가지 못했다. 사함 받지 못할 죄가 하나가 아니라 여러 가지일 수 있다는 생각이 든 것이다. 더욱이 다른 죄와 마찬가지로 그 죄에도 등급이 있거나 결코 묵인할 수 없는 죄일지도 모른다는 생각이 들었다. 아직 나는 아무것도 알 수 없었기 때문이다.

그러다 이제 내가 유다처럼 추한 자일 거라고 생각하니 참으로 수치스러웠다. 심판 날에 모든 성도들 앞에 내가 아주 역겨운 존재로 드러날 일도 생각했다. 지금도 선한 양심이 있는 사람을 똑바로 못 쳐다보고 그 앞에만 서면 조바심이 나고 떨리는데, 그날에 당할 일을 생각하니 마음이 아뜩해졌다. 이제는 하나님과 동행하는 삶이 영광스럽게 보였고, 하나님 앞에서 선한 양심을 갖는다는 게 얼마나 큰 자비인지를 알게 되었다.

심판에 대한 두려움

그 무렵, 몇 가지 그릇된 견해를 받아들이는 것으로 이 모든 마음 고생을 끝내고 싶은 유혹을 받았다. 이를테면 심판 날은 오지 않을 것이고, 한 번 죽으면 그만이지 부활은 없으며, 죄는 그렇게 무섭고 슬픈 것이 아니라는 견해였다. 시험자가 내게 이렇게 제안했다.

"네가 그동안 품어온 생각이 다 참일지라도 다른 각도에서 바라보고 믿으면 이 세상에서는 마음 편하게 살 것이다. 결국 멸망할 운명이라면 이렇게 지레 자학하지 말라. 멸망과 저주에 관한 생각은 마음에서 몰아내고, 무신론자들과 율법폐기론자들이 스스로를 지탱할 때 사용하는 결론들을 붙들라!"

이런 생각이 마음을 스쳐 지나가자마자 곧이어 죽음과 심판이 선명하게 떠올랐다. 의로우신 재판장께서 문 앞에 서 계신 것만 같았다. 죽음이 이미 와 있는 것만 같아서 그 생각이 아무런 도움이 되지 못했다. 그러나 사탄이 영혼을 그리스도에게서 떼어놓기 위해서라면 무엇이든 이용한다는 것을 안다. 사탄은 영혼이 헛된 꿈에서 깨어나 진리를 깨닫는 것을 좋아하지 않는다. 방심과 맹목과 어둠과 오류가 그 악한 자의 왕국이요 거처이다.

하나님께 기도하는 일도 보통 어려운 일이 아니었다. 절망이 나를 삼키고 있었고, 거센 풍랑이 나를 하나님에게서 멀리 내모는 것만 같았다. 하나님께 자비를 구할 때면 어김없이 이런 생각이 요동쳤다.

'너무 늦었어. 나는 멸망당한 거야. 하나님께서 나를 넘어지도록 내버려두신 이유는 죄를 바로잡아 회복시키고자 하심이 아니라 정죄하시려는 거야. 내 죄는 사함 받을 수 없어. 에서가 장자의 권리를 팔아넘긴 뒤에 복을 받으려고 했지만 끝내 거절당한 것을 잘 알잖아!'

나는 우연히 프란시스 스피라Francis Spira라는 비참한 사람에 대한 무서운 책을 읽게 되었다. 그 책은 괴로움에 시달리던 내 영혼을 새로 난 상처를 소금으로 문지르는 듯한 극한 고통에 빠뜨렸다. 그 책의 문장 하나하나, 그의 신음 하나하나, 그가 절망 가운데 드러낸 행동들, 이를테면 눈물을 흘리고, 기도를 하고, 이를 갈고, 손을 비틀고, 자신을 짓누르는 하나님의 강한 손 밑에서 몸부림치다가 기진하여 쇠잔해 가는 그의 모습이 내 영혼에 비수처럼 박혔다. 그 책에서 특히 다음 문장이 너무나 무서웠다.

"인간은 죄를 지을 때 알고 짓기 시작하지만, 그로 인한 결과들을 누가 막으랴?"

그러고는 앞서 인용한 구절이 모든 생각의 결론으로 치달아 뜨거운 벼락처럼 내 영혼에 다시 떨어졌다.

"너희의 아는 바와 같이 저가 그 후에 축복을 기업으로 받으려고 눈물을 흘리며 구하되 버린 바가 되어 회개할 기회를 얻지 못하였느니라."

그 후로 심한 공포에 휩싸이곤 했는데, 때로는 며칠을 계속해서 그 두렵고 사함 받지 못할 죄를 범한 자들에게 임할 하나님의 무서운 심판을 생각하면서 정신뿐 아니라 육체까지도 덜덜 떨곤 했다. 공포에 질려 자주 소화불량과 체증에 시달렸으며, 때로는 가슴뼈가 쪼개지는 듯한 통증을 느꼈다. 유다가 곤두박질하여 배가 터져 창자가 흘러나온 일도 떠올렸다(행 1:18). 끊임없는 공포와 전율이 동생 아벨의 피를 흘린 죄에 대해 하나님께서 가인에게 무거운 죄책감과 함께 부과하신 형벌의 징표였던 것을 생각하고 나서 몹시 두려웠다.

나는 무거운 짐에 짓눌려 몸부림치며 떨었는데, 짐이 워낙 무거워서 서 있을 수도 걸을 수도 없었다. 또 누워서 쉬거나 조용히 있지도 못했다. 그러는 중에도 떠오르는 말씀이 있었다.

주께서 높은 곳으로 오르시며 사로잡은 자를 끌고 선물을 인간에게서, 또는 패역자 중에서 받으시니 시 68:18

이 말씀을 기억하니 이런 생각이 들었다.

"패역자들(the rebellious, 반역자들)이라면 한때 자기들의 왕에게 충성을 맹세하고 그를 섬기다가 그에게 반란을 일으킨 자들이다. 그런데 내 상황이 바로 그랬다. 나는 한때 주님을 사랑하고 경외하고 섬겼다. 하지만 이제는 반역자다. 나는 주님을 팔아먹었다. '그렇게 원하시면 가시라고 하자'라고 말했다. 그런데 주님이 반역자들에게 선물을 주셨다는 것인가? 그렇다면 내게는 왜 주시지 않는가?"

가끔 이런 생각을 하면서 작은 위안이라도 얻을 요량으로 그 답을 애써 찾아보았다. 하지만 끝까지 답을 찾을 만한 의욕이 없었던 까닭에, 죄책감과 공포에 떠밀려 결국 그 문제를 잊어버리고 말았다. 나는 어디든 슬며시 들어가 숨을 수도 있었으나 그렇게 하지 못하고 바로 그곳에서 사형을 당하게 된 사람과 같았다.

죄의 크기를 비교하고 싶은 마음

나는 다시 성도들 각각의 죄를 살펴보고 나의 죄가 그들을 훨씬 넘어선다는 사실을 안 뒤에 이렇게 생각하기로 했다.

'그들의 죄를 모두 합한 뒤 나 한 사람의 죄와 비교해보면 거기서 위로를 얻을 수 있지 않을까? 만약 내 죄가 그들 각각의 죄보다 크더라도 그들의 죄를 다 합한 것과 비슷하다면 소망이 있는 셈이다. 그리스도의 보혈이 그들 모두의 죄를 씻기에 충분했을 텐데, 나 하나만 놓고 볼 때는 아주 크지만 다른 사람들의 죄를 다 합한 것보다는 작은 내 죄도 넉넉히 씻어주실 것이기 때문이다.'

또한 다윗, 솔로몬, 므낫세, 베드로 같은 사람들이 범한 큰 죄들을 생각하면서, 여러 가지 정황들을 공정하게 평가하여 그들의 죄가 일반적으로 알려진 것보다 더 컸음을 부각시키려고 노력했다. 다윗은 자신의 간음을 은폐하기 위해서 사람을 죽게 했으며, 암몬 자손의 어린아이들을 칼로 죽였다. 그것은 사전에 계획하지 않았다면 할 수 없는 일이었기 때문에 그의 죄가 생각보다 크다고 간주할 수 있는 대목이었다. 하지만 그렇게 하고 나니까 다시 생각의 화살이 나 자신에게 겨눠졌다.

'그러나 이들이 지은 죄는 모두 율법에 대해 범죄한 것이고, 이들을 구원하기 위해서 예수님이 이 땅에 오셨다. 그러나 너의 죄는 구주에 대해서 지은 것인데, 그러면 누가 너를 그 죄에서 구원해준다는 말인가?'

그 순간 솔로몬이 생각났다. 그는 이방 여인들을 사랑하여 그들의 우상을 숭배하고 그들의 신전을 건축하는 행위에 빠졌는데, 그가 하나님의 큰 자비로 빛을 받은 뒤인 노년의 일이었다. 그러나 앞에서 더 이상 생각하지 못하도록 가로막았던 결론이 이번에도 내 생각을 가로막았다. 솔로몬의 그 모든 행위는 율법에 대해서 지은 죄로, 그 죄에 대해서 하나님께서 이미 치유책을 제공하셨지만, 나는 내 구주를 팔아먹었으니 더 이상 사죄를 위해 드릴 제사가 남아 있지 않다는 결론이었다. 그래서 그들의 죄에 므낫세의 죄를 더해보았다. 므낫세는 여호와의 전에 우상의 제단들을 세웠고, 일월성신日月星辰을 관측하여 운세를 예측했고, 점을 쳤고, 마술사들과 거래했고 그 자신이 마술을 행했다. 또 자기 자식들을 불 가운데로 지나게 하여 귀신들에게 바쳤으며, 예루살렘 거리에 무고한 자들의 피가 흐르게 만들었다. 이런 것들은 사람들이 피를 많이 흘린 큰 죄였다. 하지만 결국에는 내게 화살이 겨눠졌다.

'그 죄들 가운데 너의 죄와 성격이 같은 것은 하나도 없다. 너는 예수님을 떠나지 않았던가? 너는 네 구주를 팔아먹은 자다!'

이 한 가지 생각이 매번 내 마음을 짓밟았다. 내 죄는 나의 구주를 정면으로 공격한 것이었고, 나는 거만하게도 '그분이 가기를 바라신다면 가시도록 해드리자' 하고 속으로 생각했던 것이다. 이 죄야말로 한 지역, 한 나라 혹은 온 세상의 죄를 다 합한 것보다 크다는 생각이 들었다. 사함 받을 수 없는 어떤 한 가지 죄든 아니면 그런 죄들을 다 합쳐 놓은 것이든 나의 죄와 같을 수 없었다. 내 죄는 다른 모든 죄를 능가했다.

너는 내게로 돌아오라

무서운 재판관의 얼굴을 똑바로 쳐다보지 못하는 것처럼 하나님에게서 내 마음이 도망치는 것을 느꼈다. 그조차도 내게는 여간 고통스러운 일이 아니었으며, 결국 하나님의 손에서 벗어날 수는 없었다.

> 살아 계신 하나님의 손에 빠져 들어가는 것이 무서울진저 히 10:31

그러나 하나님의 은혜는 내 생각보다 훨씬 높고 커서, 이렇게 황급히 달아나는 순간에도 말씀이 나를 뒤따라오는 것만 같았다.

> 내가 네 허물을 빽빽한 구름의 사라짐같이, 네 죄를 안개의 사
> 라짐같이 도말하였으니 너는 내게로 돌아오라 내가 너를 구속
> 하였음이니라 사 44:22

내가 하나님의 낯을 피해 도망칠 때마다 이 말씀이 떠올랐다. 나는 그분의 낯을 피해 도망쳤다. 너무 높고 두려운 분이라서 감당하지 못하고 마음과 정신으로 그분을 등진 것이다. 그럴 때마다 "너는 내게로 돌아오라"라는 구절이 내 마음에 소리치곤했다. 아주 큰 소리로

"너는 내게로 돌아오라! 내가 너를 구속하였음이니라!" 하고 외쳤다.

그때마다 나는 잠시 멈춰 서서 혹시 은혜의 하나님께서 손에 면죄부를 들고 나를 따라오시는가 싶어 고개를 돌려 뒤를 돌아다보았다. 하지만 돌아봐도 아무도 없었다. 그러면 내 마음은 늘 그렇듯 다시 그 말씀이 생각나서 빽빽한 구름이 끼면서 캄캄해졌다.

> 너희의 아는 바와 같이 저가 그 후에 축복을 기업으로 받으려
> 고 눈물을 흘리며 구하되 버린 바가 되어 회개할 기회를 얻지
> 못하였느니라 히 12:17

그러므로 나는 멈출 수가 없었다. 다시 잰걸음으로 도망쳤다. 하지만 이따금 뒤에서 나를 쫓아오듯이 "돌아오라, 돌아오라!" 하고 외치는 소리가 들렸다. 그러나 그 음성이 하나님에게서 나온 것이 아니면 어쩌나 하는 두려운 생각에 자세히 살펴볼 엄두가 나지 않았고, 게다가 히브리서 말씀이 여전히 내 양심을 울렸다.

아직 소망이 있다!

언젠가 어떤 선한 사람의 가게에 들러 왔다갔다하면서, 이렇게 슬프고 우울한 나날을 보내다가 인생을 마칠 일을 서러워하며 몹시 자학하고 있었다. 어쩌다 이렇게 큰 죄를 짓는 운명에 떨어졌나 절로 탄식이 흘러나왔고, 나는 죄사함을 받지 못할 자라는 생각에 몹시 두

려웠다. 혹시 나의 죄가 성령을 훼방한 죄와 다른지 알게 해달라고 주님께 구하는 심정도 있었으나, 이제는 두려움에 너무 짓눌린 나머지 언제라도 주저앉을 것만 같았다. 그때 갑자기 창문을 통해 들어오는 바람 소리가 아주 상쾌했다.

"네가 그리스도의 보혈로 말미암아 의롭다 함을 받기 거절한 적이 있느냐?" 하는 음성을 들은 것만 같았다. 그 음성을 듣는 순간 지난 날 내 인생이 파노라마처럼 펼쳐졌다. 그동안 내가 억지로 외면해온 것을 보게 된 것이다. 나는 몹시 고통스러워하며 "그런 적이 없습니다" 하고 대답했다.

그때 하나님의 말씀이 강력하게 내게 임했다.

너희는 삼가 말하신 자를 거역하지 말라 히 12:25

이상한 힘으로 나를 사로잡은 이 말씀이 내 마음을 환히 비추었다. 마치 주인 없는 지옥의 개들처럼 내 속에서 으르렁거리고 울부짖으며 소름끼치는 소음을 내며 불안에 떨던 생각들을 향해 잠잠하라고 명령했다. 이 말씀은 예수 그리스도께서 내게 베푸실 은혜와 자비의 말씀을 아직도 가지고 계신다는 것을 알려주었다. 그것은 내가 두려워하는 것과 달리, 그리스도께서 내 영혼을 완전히 포기하거나 버리신 적이 없다는 말씀이었다. 과연 그 말씀은 쉽게 좌절하는 내 성향을 아시고 막으시려는 것이었다. 또 내 죄가 아무리 많고 악하다 해도 그것을 하나님의 아들에게 맡기지 못하는 나의 태도를 책망하고 경고하는 것이었다.

그러나 이런 낯선 생각의 정체가 무엇이고 어디에서 왔는지 알 길이 없다. 20년이 지난 지금도 잘 모르겠다. 그때 내가 했던 생각은 이 자리에서 밝히기가 주저되는 것이었다. 창문을 통해 들어온 바람이 당시 나에게는 나를 찾아온 천사처럼 느껴졌다. 이 일에 대해서는 평가하지 않고 심판 날까지 그냥 둘 생각이다.

다만 여기서 말할 수 있는 것은, 그것이 내 영혼을 압도하여 큰 평안을 맛보게 해주었다는 사실이다. 내게 아직 소망이 남아 있다고 설득했다. 사함 받지 못하는 죄가 무엇인지를 보여주었고, 내 영혼이 아직은 예수 그리스도에게 피하여 자비를 얻을 특권이 있음을 알려주었다. 그러나 이 일에 관해서는 아직 무어라 말하기가 어렵다. 처음에 이 일을 책에 소개하지 않았던 이유도 실은 그 점 때문이다. 이제 나는 이 일에 대한 평가를 건실한 식견을 지닌 분들에게 맡기고자 한다.

그리고 내가 구원받은 것은 이 일 때문이 아니라 오래 전부터 약속된 주 예수님 때문임을 밝혀둔다. 지금은 비록 그때의 경험과 느낌을 고스란히 전달하지 못하더라도, 당시에는 내 은밀한 생각이 드러나는 것을 막지 말고 그냥 드러나도록 두는 것도 나쁘지 않을 것 같았다. 그 영향이 사나흘 지속되었다. 하지만 나는 다시 불신과 좌절로 빠져들기 시작했다.

기도를 막는 마귀의 시험

내 인생은 여전히 어디로 가야 할지 모르고 의심 가운데 내 앞에 걸려 있었다. 내가 확실히 안 사실은, 내 영혼이 하나님의 은혜를 사모하고 있다는 것과 기도와 간구로 은혜의 발 앞에 나를 내던지기까지 한다는 것이었다. 하지만 얼마 전까지도 그리스도께 사악한 죄를 범했는데, 이제 와서 그분 앞에 나아가 자비를 구한다는 게 겸연쩍었다. 그렇게 큰 죄를 지어놓고 그분의 얼굴을 뵙는다는 것과 실컷 떠났다가 기도로 하나님 앞에 나아간다는 게 쉽지 않았다. 짧은 순간을 빼고는 아주 경시했던 자비를 구하려고 주님께 기도하자니 너무 부끄러웠다. 내가 지은 악행이 컸던 탓에 이렇게 하는 것이 부끄럽고 당황스럽기까지 했다.

그러나 내 앞에 놓인 것은 외길뿐이었다. 겸손한 마음으로 나아가 이 죄 많고 비참한 영혼에게 큰 자비를 베풀어달라고 구하는 길밖에 없었다. 시험자는 내 마음을 읽더니 다음과 같은 제안을 했다.

"너는 하나님 앞에 기도해봐야 소용없다. 기도는 너에게 전혀 해당되지 않는다. 게다가 조금도 도움을 얻지 못할 것이다. 왜냐하면 너는 중보자를 배척했기 때문이다. 중보자는 모든 사람들의 기도를 받아 성부 하나님께 드리는 자로서, 그를 통하지 않고는 어떤 기도도 하나님 앞에 상달될 수 없다. 그러므로 네가 기도해봐야 죄를 더 쌓는 일밖에 되지 않는다. 하나님이 너를 버리신 사실을 알면서 기도한다면 그분을 더욱 진노케 하고 거스르는 것이다. 하나님은 너 때문에 이미 몇 년을 시달리셨다. 너는 그분의 백성이 아니기 때문이다. 네가 그분의 귀에 대고 징징거리고 부르짖는 게 그분에게 여간 성가신 게 아니어서, 그분은 너를 내치시기 위해 이런 죄를 짓도록 내버려두신 것이다. 그런데도 여전히 기도할 생각인가?"

마귀는 나를 이렇게 다그치면서 민수기 기사記事를 예로 들었다. 그 기사에서 모세는 이스라엘 자손들에게 하나님께서 그들에게 주시려고 하는 땅을 그들이 차지하러 올라가지 않으므로 그들이 아무리 눈물을 흘리며 들어가고자 해도 그 땅에 들어가지 못하도록 영원히 막으셨다고 말했다.

또한 다른 본문에서 "사람이 그 이웃을 짐짓 모살하였으면 너는 그를 내 단에서라도 잡아내려 죽일지니라"(출 21:14)라고 한 대로 요압이 목숨을 보전하려고 제단으로 달려갔을 때 솔로몬 왕은 그를 잡아내려 죽게 했다(왕상 2:28-34 참조). 성경의 이 기사들이 내 마음을 몹시 아프게 찔렀다.

내 상황이 너무 절망적이어서 이제는 죽는 일밖에 남지 않았다고 생각했다. 만약 그럴 수밖에 없다면 훗날 어떤 사람이 그리스도의 발 앞에 엎드려 기도하다가 죽었다고들 말하겠지. 그런 비장한 각오로 그리스도 앞에 기도했다.

하지만 기도하면서 얼마나 큰 어려움을 겪어야 했는지는 하나님이 잘 아신다. 기도하는 동안 에서에 관한 말씀이 다시 마음에 떠올랐던 것이다. 그 말씀은 내가 생명나무 과실을 따먹고 영생을 얻을까

봐 마치 화염검처럼 생명나무로 가는 길을 가로막았다.

　기도로 하나님 앞에 나아가는 일이 이토록 힘들었던 것을 누구도 이해하지 못할 것이다. 어렵게 기도하면서 하나님의 백성들이 나를 위해 기도해주면 좋겠다는 생각이 들었으나 하나님께서 그들의 기도를 외면하실까봐 두려웠다. 실제로 하나님의 백성 몇 사람이 전에 하나님께서 이스라엘 백성에 관해서 선지자에게 하셨던 말씀을 잠깐 들려준 것이 생각나 두려워 떨었다.

> 그러므로 너는 이 백성을 위하여 기도하지 말라… 내가 그들을 듣지 아니하리라 렘 11:14

　이 말씀이 "내가 그를 버렸으니 그를 위해서 기도하지 말라"라는 음성으로 다가왔다. 내게 그 말씀을 들려준 사람들에게 하나님께서 이미 그런 사실을 알게 해주셨는데, 다만 그들이 조심스러워 내게 말하지 않은 거라는 생각이 들었다. 나 또한 그들에게 사실 확인을 할 엄두가 나지 않았다. 혹시라도 그렇다고 대답하면 나는 정말 나락으로 떨어지는 것이었다.

　스피라의 말이 다시 생각났다.

　"인간은 죄를 지을 때 알고 짓지만, 그로 인한 결과들을 누가 막으랴?"

구주를 떠난 것에 대한 통회

그 무렵, 성숙하고 지혜로운 그리스도인에게 내 심경을 다 털어놓았다. 내가 성령을 훼방하는 죄를 범했을까봐 두렵다고 했더니, 그는 자기 생각도 같다고 대답했다. 차가운 위로밖에 받지 못한 셈이었다. 그런데 대화를 더 나누다보니 그가 비록 선한 사람이기는 하지만 마귀와 벌이는 치열한 싸움에 관해서는 문외한이라는 사실을 알았다. 그래서 나는 다시 하나님 앞에 나아가 간절히 자비를 구했다.

하지만 이번에도 시험자가 어김없이 나타나 나의 비참함을 조롱했다. 주 예수와 결별하고 내 영혼과 지옥의 사르는 불 사이에 서 계신 그분을 그토록 분노케 했으니 이제 죽지 않으려면 한 가지 길밖에 없다고 했다. 성부 하나님께 성자와 나 사이의 중보자가 되어달라고 빌어보라는 것이었다. 그렇게 해서 성자와 다시 화목하게 되면 그분 안에서 성도들이 누리는 복된 유익을 누리게 될 수도 있을 것이라고 했다. 그때 다음과 같은 말씀이 나를 사로잡았다.

그는 뜻이 일정하시니 누가 능히 돌이킬까 욥 23:13

이 말씀을 생각해보니, 시험자가 제안한 대로 기도하는 것보다 차라리 하나님을 설득하여 새로운 언약을 맺으시게 하거나 새로운 성경을 하나 더 만드시게 하는 편이 쉬울 거라는 생각이 들었다. 시험자의 제안대로 기도한다는 것은 하나님이 하셨던 일에 문제가 있으니 고치시라고, 노골적으로 말하자면 구원 방식 자체를 전면 수정하라고 요구하는 것과 다름없었다. 그때 다시 떠오른 말씀이 내 마음을 갈기갈기 찢었다.

다른 이로서는 구원을 얻을 수 없나니 천하 인간에 구원을 얻을 만한 다른 이름을 우리에게 주신 일이 없음이니라 행 4:12

가장 자유롭고 충만하고 은혜로운 복음의 말씀이 내게는 오히려 가장 큰 고통이었다. 그렇다. 예수 그리스도에 관한 생각만큼 나를 고통스럽게 하는 것이 없었다. 이미 구주를 버린 상태여서 그분을 기억할 때마다 내 죄의 극악함과 그 죄로 인한 상실이 생생하게 떠올랐다. 이처럼 내 양심을 아프게 찌르는 것도 없었다. 주 예수와 그분의 은혜, 사랑, 경건, 자비, 온유, 관용, 죽음, 보혈, 약속, 복된 권면, 위로, 위안이 내 영혼에는 마치 날선 칼과 같았다. 주 예수를 생각할 때마다 이런 생각이 떠올랐다.

'그래, 바로 이렇게 사랑이 많으신 구주救主이시고 하나님의 아들이신 예수님을 네가 떠난 것이며, 그분을 경시하고 경멸하고 욕보인 것이다. 바로 이분이 자신의 보혈로 죄인들의 죄를 씻기시는 유일한 구주이신데, 이제 너는 예수님과 아무런 상관이 없어졌다. 너는 그분을 밀어냈다. 만약 그분이 원하신다면 떠나시도록 하자 하고 생각했기 때문에 너는 그분에게서 단절되었다. 네가 단절을 자초한 것이니

아무리 그분의 선하심을 생각하더라도 너와는 아무런 상관이 없다!'

이런 생각에 덜컥 겁이 났다.

'아, 도대체 내가 어떤 분을 잃은 것인가! 어떤 분과 결별한 것인가! 이 불쌍한 영혼이여! 하나님의 은혜와 자비에 의해 멸망당하고, 어린양과 구주이신 분을 사자와 멸망자로 맞이할 수밖에 없다는 게 얼마나 비참한 일인가!'

나는 크게 한탄했다. 하나님의 성도들, 특히 하나님을 극진히 사랑하고 이 세상에서 그분과 끊임없이 동행하는 사람들을 볼 때에도 두려워 떨었다. 그들은 말과 행동에서 자신들의 소중한 구주에 대한 각별한 애정을 보였다. 그들이 하나님께 죄짓기를 두려워하는 모습이 내 영혼에 죄책감을 일으키고 끊임없는 고통과 수치를 주었던 것이다. 하나님을 떠난 사울이 하나님의 사람 사무엘을 두려워했던 것처럼 나는 그들을 대하기가 두려웠다(삼상 16장 참조).

내가 너를
버리지 아니하리라

chapter 08

내가 과연 너희를 버리지 아니하고 과연 너희를 떠나지 아니하리라 히 13:5

나를 도우실 수 없다?

이제는 시험자가 방법을 바꿔서 내 영혼을 조소하기 시작했다. 그리스도께서 내 처지를 진정으로 동정하고 나의 실패에 안쓰러워하시지만, 내가 범하지 말아야 할 죄를 범했기 때문에 주님이 나를 돕거나 구하실 방법이 없다고 말한 것이다. 내 죄는 주님이 피 흘려 돌아가시면서까지 사랑하신 사람들의 죄와 성격이 완전히 다른데다가 그분이 십자가에 달리실 때 담당하신 죄악들의 범주에도 들지 못한다고 했다. 따라서 그리스도께서 하늘에서 다시 강림하셔서 나의 죄를 위해 다시 돌아가시지 않는다면 그분이 아무리 나를 동정하시더라도 내게 어떤 도움도 주실 수 없다는 것이었다.

다른 사람들이 이런 말을 들었다면 피식 웃고 말았겠지만, 내게는 감당하기 어려운 고통이었다. 예수 그리스도께서 나를 동정하실 정도로 사랑하시면서도 도우실 수 없다는 말이 나를 더없이 비참하게 만들었다. 나 역시 그리스도께서 나를 도우실 수 없는 이유가 그분의 공로가 부족하거나 은혜와 구원을 이미 다른 사람들에게 다 써버렸기 때문이라고는 생각하지 않았다. 다만 이미 경고하신 바를 충실히 이행하시기 위해 내게 자비를 내리지 않으시는 것뿐이라고 생각했다. 또 앞서 언급한 대로, 내 죄가 하나님의 약속에 담긴 사죄의 범주에 들지 않는다고 생각했다. 그렇다면 '영생'永生을 얻는 것보다 '천지'天地가 사라지는 것이 더 쉽다는 것을 알았다.

내가 껴안고 지낸 두려움의 밑바탕에는 하나님의 거룩한 말씀이 요동치 않는다는 확고한 신념과 내 죄의 본질에 관한 그릇된 생각이 깔려 있었던 것이다. 하지만 내 죄가 그리스도의 죽음으로 얻은 공로와 아무런 상관이 없다는 생각이 나를 얼마나 괴롭게 했는지 모른다. 이런 생각이 나를 혼란에 빠뜨리고 마음을 괴롭게 만들고 믿음에서 멀어지게 한 까닭에 도무지 어떻게 해야 할지 몰랐다. 대신 이런 생각이 들었다.

'아, 그리스도께서 다시 세상에 강림하신다면! 그분이 인간 구속救贖의 역사를 위해 하실 일이 더 남아 있으시다면 얼마나 좋을까!'

그리스도께서 죽음으로 대가를 치르신 죄의 목록 가운데 맨 끝에라도 내 죄를 넣어주시기를 얼마나 간구했는지 모른다. 그러나 다음과 같은 말씀이 떠올라 나를 매몰차게 치곤 했다.

이는 그리스도께서 죽은 자 가운데서 사셨으매 다시 죽지 아니하시고 사망이 다시 그를 주장하지 못할 줄을 앎이로라 롬 6:9

이와 같은 시험자의 뜻밖의 공격에 내 영혼은 깨진 그릇 같았고, 바람에 밀려다니며 절망으로 곤두박질치기도 했다. 때로는 행위 언약에 기대기도 했고, 때로는 새 언약과 그 조건들이 나에게는 다른 방식으로 수정되면 좋겠다는 생각을 품기도 했다. 그러나 이런 일들은 모두 맨몸으로 바위에 부딪치는 것 같아서 더욱 부서지고 으깨지고 찢길 뿐이었다.

죄책감에 철저히 사로잡혀서 전에 떠올려본 적 없는 온갖 상상과 공포와 근심에 얼마나 심하게 시달렸는지 모른다. 내 신세가 무덤 사이에서 죽은 자들과 함께 거하며 울부짖으며 돌로 자해하던 사람과 다를 바 없었다(막 5:2-5 참조). 그러나 그 역시 덧없는 일이었다. 필사적인 노력으로는 사람을 조금도 위로하지 못하며, 옛 언약이 사람을 구원하지 못하는 법이다. 천지가 없어지기 전에는 하나님의 말씀과 은혜의 율법의 일점일획도 떨어지거나 변하지 않을 것이다(마 5:18 참조). 나는 이 사실을 뼈저리게 느꼈으며 그 아래서 신음했다.

나도 용서받을 수 있다!

하지만 그 과정에서 얻은 유익도 없지 않았다. 구원의 도리가 확실하다는 것과 성경이 하나님의 말씀이라는 것을 더욱 확고히 깨달은 것이다. 당시에 인간의 구원의 반석이신 예수 그리스도의 신실하심과 불변하심을 얼마나 철저히 보고 느꼈는지 말로 다 표현하기 어렵다. 그분이 이미 이루신 일을 무효로 만들거나 덧보태거나 바꿀 수는 없다. 나는 죄가 영혼을 그리스도 밖으로 내몰 수 있다는 것을 확실히 알았는데, 하물며 사함 받을 수 없는 죄는 두말할 나위가 없었다. 그러나 이렇게 내몰리는 사람에게는 화禍가 있을 것이다. 생명의 말씀이 그에게는 닫힐 것이기 때문이다.

이처럼 나는 무슨 생각을 어떻게 하든 항상 가라앉기만 했다. 하루는 이웃 마을 길가에 놓인 벤치에 앉아 내 죄가 나를 몰고 간 지극히 두려운 상태에 관해서 깊은 사색에 잠겼다. 한참을 그러고 있다가 고개를 들어 보니 하늘에 떠 있는 태양이 빛을 발하기 꺼리는 것 같았고, 거리에 깔린 돌과 가옥에 붙어 있는 타일들조차 나를 외면하는 것만 같았다. 저것들이 합세해서 나를 세상 밖으로 쫓아내려고 한다는 생각이 들었다. 나는 그것들에게 가증스러운 존재였으며, 그들 사이에 거할 자격도, 그들이 주는 유익을 누릴 가치도 없었다. 나는 구주를 거역하는 죄를 범한 자였다. 나를 제외한 피조물들은 다 행복해 보였다. 그들은 각자 굳건히 서서 제 위치를 지키고 있었지만, 나는 넘어지고 버림받았던 것이다.

나는 소리 내어 울면서 "하나님께서 나 같은 죄인을 어찌 위로하실 수 있다는 말인가?" 하고 깊이 탄식했다. 바로 그때 "이 죄는 죽음에 이르는 죄가 아니다" 하는 음성이 메아리처럼 돌아왔다. 나는 마치 무덤에서 되살아난 느낌에 휩싸여 "주님, 어떻게 이 말씀을 찾아내실 수 있었습니까!" 하고 외쳤다. 아주 적절한 순간에 전혀 예상치 못한 말을 듣게 되자 경외심이 밀려왔다. 그 음성에 실려 온 능력과 따뜻함과 빛이 참으로 경이로웠다.

방금 전까지 나를 심하게 억누르던 의심에서 잠시 벗어났다. 내가 두려워했던 것은 내 죄가 사함 받을 수 없다는 것이었으며 따라서 내게는 더 이상 기도하거나 회개할 권리가 없다는 것이었다. 아무리 기도하거나 회개하더라도 소용없을 거라는 생각에 두려웠다. 그러나 이제는 만약 내 죄가 죽음에 이르는 죄가 아니라면 사함 받을 수 있다는 뜻이 된다는 생각이 들었다. 그러므로 이 생각을 근거로 그리스도를 의지하여 하나님께 나아가 자비를 구할 용기가 생겼다. 마치 사죄의 약속이 다른 사람들뿐 아니라 나 같은 자도 받아주시기 위해 두 팔을 활짝 벌리고 계신다고 생각할 힘이 생겼다.

내 죄가 죽음에 이르는 죄가 아니라 사함 받을 수 있는 죄라고 생각하니 무거웠던 마음의 짐이 크게 덜어졌다(요일 5:16,17 참조). 내가 겪은 고통이 어떤 것인지 직접 경험해서 아는 사람 외에는 그 생각이 내 영혼에 어떤 위로와 평안을 주었는지 제대로 이해할 수 없을 것이다. 그것은 나를 꽁꽁 묶었던 사슬이 풀린 것과 같았고, 폭풍우 속에서 이리저리 헤매다가 피난처를 발견한 것과 같았다. 이제는 나도 다른 죄인들과 동일한 자리에 서 있고, 그들처럼 말씀과 기도에 대한 자격이 생긴 것 같았다.

주님의 무궁한 사랑

이제는 내 죄가 사함 받지 못할 죄가 아니며 나도 용서받을 수 있다는 소망을 품게 되었다. 그런데 사탄이 나를 다시 넘어뜨리려고 어떤 짓을 했던가! 하지만 사탄은 그날도 그 다음 날도 그렇게 하지 못했다. "이 죄는 죽음에 이르는 죄가 아니다"라는 문장이 이정표처럼 내 뒤에 버티고 서 있었기 때문이다. 하지만 다음 날 저녁이 되자, 이 말씀이 나를 떠나갔고 말씀이 주던 용기도 사라졌다.

그래서 나는 과거의 두려움으로 다시 돌아갔는데, 너무 못마땅하고 언짢았다. 절망의 비애에 짓눌려 지내는 게 무섭고 지긋지긋했던 것이다. 나의 믿음은 "이 죄는 죽음에 이르는 죄가 아니다"라는 말에 오래 머물러 있지 못했다. 그런데 다음 날 저녁이 되자, 나는 두려움과 절망감을 견디지 못하고 주님 앞에 나아갔다. 울며 탄식하며 소리 내어 주께 아뢰었다.

"주님, 주께 간구하오니 저를 영원한 사랑으로 사랑하심을 깨닫게 해주옵소서."

기도를 마치자마자 "내가 무궁한 사랑으로 너를 사랑하는 고로"(렘 31:3)라는 인자한 말씀이 메아리처럼 돌아왔다. 그 말씀을 간직한 채 조용히 잠자리에 들었다. 다음 날 아침에 깨었을 때 그 말씀이 새롭게 떠올랐고, 나는 그 말씀을 믿었다.

하지만 시험자는 여전히 나를 떠나지 않았다. 그날 하루 동안 내 마음의 평안을 깨뜨리기 위해서 아마 백 번도 넘게 시도한 것 같다. 그날 나는 아주 힘겹고 진저리나는 투쟁과 갈등을 겪었다. 그 말씀을 꼭 간직하려고 노력하는데 에서에 관한 말씀이 번개같이 눈앞에 번

쩍였다. 한 시간에 스무 번도 넘게 일어났다 앉았다 했다. 하지만 하나님께서는 나를 참아주시고 내 마음을 붙들어주셨다. 나는 그 자비에 힘입어 여러 날 동안 감사한 마음으로 사죄의 소망에 큰 위로를 받으며 지냈다. 그리고 이런 음성이 마음에 울려 퍼졌다.

"네가 죄를 짓고 있는 동안에도 나는 너를 사랑했다. 너를 전에도 사랑했고, 지금도 사랑하고 있고, 앞으로도 영원히 사랑할 것이다."

아무리 그래도 내 죄가 너무 크고 더럽게만 보여서 몹시 부끄럽고 송구스러웠다. 내가 성령을 극도로 훼방했다는 생각이 들었다. 그런데도 이런 나를 지금까지 친구로 여겨주시고 나의 악을 선으로 갚아주셨다고 생각하자, 하나님을 향한 사랑과 죄송스러운 마음과 하나님을 갈망하는 마음이 차올랐다. 속에서 나의 주님과 구주 예수 그리스도를 향한 사랑과 갈망이 뜨겁게 타오르면서 나 자신에게 보복하려는 강한 욕구가 일어났다. 그때 심정으로는 내가 주께 끼친 폐를 만회하기 위해서라면 내 혈관에 흐르는 피를 단번에 내 주와 구주의 발아래 모두 흘릴 수 있을 것 같았다.

어떻게 하면 주님을 사랑하고, 내 마음을 주님 앞에 표현할 것인가를 생각할 때 이런 말씀이 스쳐지나갔다.

여호와여 주께서 죄악을 감찰하실진대 주여 누가 서리이까 그러나 사유하심이 주께 있음은 주를 경외케 하심이니이다 시 130:3,4

마음에 확 와 닿는 말씀이었다. 특히 "사유하심이 주께 있음은 주를 경외케 하심"이라는 뒷부분이 더 좋았다. 죄인이 주님을 사랑하고 경외케 하시려고 그를 사유하신다는 말씀으로 이해했다. 크신 하나님께서 가련한 피조물들이 보내는 사랑을 아주 중히 여기시는 까닭에, 그들의 사랑을 포기하느니 차라리 그들의 죄를 사유하기 원하신다는 뜻으로 받아들인 것이다. 이제 그 말씀이 내게 이루어지고 나자 다음 말씀으로 새 힘을 얻게 되었다.

> 이는 내가 네 모든 행한 일을 용서한 후에 너로 기억하고 놀라
> 고 부끄러워서 다시는 입을 열지 못하게 하려 함이니라 겔 16:63

또다시 침체의 늪

당시 내 영혼은 그 상태에 있었으며, 이제는 과거의 죄와 절망으로 고통 받는 데서 영원히 해방되었다고 생각했다. 하지만 몇 주가 흐른 뒤 나는 다시 침체의 늪에 빠지기 시작했다. 몇 주간 새로운 기쁨을 맛보았는데도 결국에는 내가 버림받고 멸망당하게 될까봐 두려웠던 것이다. 다음과 같은 생각이 마음을 강하게 짓눌렀다.

'영생의 약속이 담긴 말씀에서 어떤 위로와 평안을 얻었든지 간에 거기에 성경과 꼭 일치하는 근거를 찾을 수 없다면 나중에도 그것을 찾지 못할 것이다. 성경은 폐할 수 없기 때문이다(요 10:35).'

다시 마음이 아려오면서 결국에는 낙심할 것만 같아 두려웠다. 따

라서 몇 주간 맛보았던 위로를 진지하게 되짚어보면서, 나처럼 죄지은 사람이 잠시 위로 받고 의지했던 말씀에 담긴 하나님의 신실하심을 확고히 믿고 의지할 수 있는지 살피기 시작했다.

그 순간 이 말씀들이 떠올랐다.

> 한 번 비췸을 얻고 하늘의 은사를 맛보고 성령에 참여한바 되고 하나님의 선한 말씀과 내세의 능력을 맛보고 타락한 자들은 다시 새롭게 하여 회개케 할 수 없나니 히 6:4-6

> 우리가 진리를 아는 지식을 받은 후 짐짓 죄를 범한즉 다시 속죄하는 제사가 없고 오직 무서운 마음으로 심판을 기다리는 것과 대적하는 자를 소멸할 맹렬한 불만 있으리라 히 10:26,27

> 음행하는 자와 혹 한 그릇 식물을 위하여 장자의 명분을 판 에서와 같이 망령된 자가 있을까 두려워하라 너희의 아는 바와 같이 저가 그 후에 축복을 기업으로 받으려고 눈물을 흘리며 구하되 버린 바가 되어 회개할 기회를 얻지 못하였느니라 히 12:16,17

이 말씀들이 내 영혼에서 복음을 빼앗아버려서 더는 성경에서 나에게 해당하는 약속이나 위로를 찾을 수 없게 되었다. 또 다른 말씀이 나를 아프게 찔렀다.

이스라엘아 너는 이방 사람처럼 기뻐 뛰놀지 말라 호 9:1

　과연 예수님을 굳게 의지하는 사람들에게는 기뻐할 이유가 있지
만, 나는 스스로 범한 죄악들로 인해 그분에게서 떨어져 나왔고, 귀
한 생명의 말씀에 내가 믿고 의지할 만한 어떤 근거도 갖고 있지 못
했다.
　지반이 붕괴되어 무너지는 건물처럼, 바닥이 보이지 않는 심연으
로 무너져 내리는 것만 같았다. 나 자신이 꼭 깊은 물구덩이에 빠진
아이 같았다. 아이가 물구덩이에서 다시 기어오르려고 팔을 뻗고 안
간힘을 쓰더라도 딛고 설 지지대가 없어 결국 그 상태로 죽게 되듯
이, 나도 꼭 그렇게 될 것만 같았다.
　이렇게 처음 당해보는 공격에 내 영혼이 비틀거릴 때 다음과 같은
성경 말씀이 떠올랐다.

　　이는 여러 날 후의 일임이니라 단 8:26

　세월이 흐른 뒤, 과연 이 말씀이 옳았다는 것을 알게 되었다. 그 후
로 2년 반 동안 그 상태에서 구출되거나 다시 평안을 맛보지 못했다.
그러므로 이 상태가 영원할 것만 같아 불안과 두려움에 휩싸인 내게
그 말씀이 때때로 힘과 용기를 주었다. 여러 날이면 끝이 있다는 것
이므로 영원하지는 않다는 생각에 용기를 얻었던 것이다. 며칠이 아

니라 여러 날을 고통으로 지내야 한다는 것을 알았으나 그래도 '여러 날'에 불과하다는 사실에 만족했다. 가끔 그 말씀을 떠올리면서 용기를 냈다. 그 말씀이 떠오를 때면 고통 받을 날이 길겠거니 생각했다. 하지만 고통은 이따금 찾아왔을 뿐이다. 마음의 고통에 집착하지는 않았고, 고통에 빠져들 때면 다시 그 말씀에서 힘을 얻었다.

기도를 방해하는 시험자

성경을 읽으면서 죄를 새롭게 깨달아 가는 동안 누가복음 18장 1절을 비롯한 말씀들이 나에게 기도에 대한 마음을 북돋워주었다. 그러자 시험자가 다시 나타나 하나님의 자비와 그리스도의 보혈이 나에게는 아무 소용이 없고, 내 죄에 아무 도움을 주지 못한다는 생각으로 나를 모질게 공격했다. 따라서 기도가 헛일이 되고 말았다. 하지만 마음을 다잡고 "그래도 나는 기도할 것이다" 하고 외쳤다.

그러자 시험자가 말했다.

"하지만 네 죄는 사함 받을 수 없는 죄잖아."

"맞아. 그래도 나는 기도할 거야."

시험자의 말에 내가 응수했다.

"그건 다 헛일일 뿐이야."

시험자가 다시 반박했다.

"그래도 나는 기도할 거야!"

나는 이렇게 말하고 나서 하나님께 나아가 기도했다.

"주님, 사탄이 제게 하나님의 자비와 그리스도의 보혈이 내 영혼을 구원하기에 충분하지 않다고 말합니다. 주님, 내 죄를 사하실 뜻과 능력이 주께 있다고 믿는 것과 그렇지 않다고 믿는 것 중 어느 것이 주님 앞에서 합당한 생각입니까?"

이런 내용으로 기도할 때 "네 믿음이 크도다"(마 15:28) 하는 성경 구절이 떠올랐다. 마치 하나님 앞에 무릎을 꿇고 기도하는 동안 누군가 내 등을 두드려주는 듯한 느낌이었다. 그런데도 나는 여섯 달이 지나기까지 내가 믿음의 기도를 드렸다고 생각할 수가 없었다. 그때 내게 믿음이 있다고 여기기 어려웠고, 내게 믿음으로 행하도록 발판이 되어줄 말씀이 있다고는 생각도 못했던 것이다. 그러므로 나는 여전히 좌절의 손아귀에 사로잡힌 채 우울하게 지냈다.

말씀에 따라 오락가락하는 마음

이제는 마음에 체증처럼 걸려 있는 의문을 푸는 것 외에는 바랄 것이 없었다. 나에게 소망이 조금이라도 있는지 알고 싶어서 전전긍긍할 때 다음과 같은 말씀이 마음에 들어왔다.

주께서 영원히 버리실까, 다시는 은혜를 베풀지 아니하실까,
그 인자하심이 길이 다하였는가, 그 허락을 영구히 폐하셨는
가, 하나님이 은혜 베푸심을 잊으셨는가, 노하심으로 그 긍휼
을 막으셨는가 시 77:7-9

그 말씀이 마음에 요동치는 동안, 마음 한편에 자리 잡은 생각이 있었다. 하나님께서 나를 버리실 것인가 하는 문제였는데, 버리지 않으실 거라는 생각이 들었던 것이다. 그 갈등 이면에 하나님께서 나를 버리지 않으실 것이고 긍휼을 막지도 않으실 것이며 반드시 은혜를 베푸실 거라는 확고한 답이 있는 것처럼 느껴졌다. 지금은 기억나지 않지만 당시 내 마음에 어떤 것이 자리하고 있어서, 이 본문을 생각하면서 위로를 받았다. 또 하나님의 자비가 떠나지 않았으며 완전히 사라진 것도 아니라는 결론을 내리게 했다.

어떤 때는 '그리스도의 보혈이 내 영혼을 구원하기에 충분한가?' 하는 질문에 많이 시달리기도 했다. 아침부터 저녁까지 이 의심이 떠나지 않았다. 마침내 두려움에 시달릴 대로 시달렸을 때 문득 "자기를 힘입어 하나님께 나아가는 자들을 온전히 구원하실 수 있으니"(히 7:25)라는 말씀이 마음을 사로잡았다. "구원하실 수 있으니"라는 말씀이 굉음처럼 들리고, 두려움과 의심에 사로잡혀 있는 내게 그 말씀을 큼직하게 써서 내미는 것 같았다. 온종일 그 말씀이 나를 떠나지 않았는데, 내 인생을 통틀어 그런 경험은 전무후무했다.

그러나 어느 날 아침, 기도 중에 하나님의 어떤 말씀도 나를 돕지 못할 것이라는 두려움이 밀려왔다. 그때 "내 은혜가 네게 족하도다"(고후 12:9)라는 말씀이 화살처럼 와서 내 마음에 박혔다. 그 말씀에 위로를 받은 나는 어느 정도 소망이 있는 것처럼 보였다. 하나님께서 나 같은 인생에게 말씀을 주시는 것이 얼마나 귀하고 좋은 일인지!

2주 전만 해도 이 구절에서 조금도 위로를 받지 못한 채 성경을 덮어버렸는데, 나를 끌어안을 만한 큰 말씀은 아니라고 생각했다. 하지만 이제는 은혜의 팔이 아주 넓어서 나 한 사람만이 아니라 다른 사람들까지도 한꺼번에 다 품에 안을 수 있을 것 같았다.

이 말씀이 7, 8주 동안 나를 지탱해주었다. 하지만 치열한 갈등이 없었던 것은 아니다. 간신히 얻은 평안이 하루에 스무 번도 더 들락날락했다. 위로가 왔나 싶으면 금방 근심이 들어왔고, 평안이 자리 잡는가 싶으면 어느새 감당하기 어려운 공포와 죄책감이 들이닥쳤다. 어쩌다 한 번이 아니라 무려 7주 내내 그랬다. 은혜가 족하다는 말씀과 에서가 장자권을 팔아넘긴 일에 관한 말씀이 내 마음에서 천칭저울처럼 오르내리면서 평안과 근심을 번갈아가며 일으켰다.

그래도 나는 기도하기를 포기하지 않았다. 하나님 앞에 여전히 나아가, 이 말씀으로 내게 더욱 충만히 임해주시고, 그 말씀 전체가 내게 온전히 해당됨을 확신하게 해달라고 아뢰었다. 나는 주님께서 주신 것을 받기는 했으나 거기에서 더 나아가지는 못했다. 아직까지는 "내 은혜가… 족하도다"라는 말씀이 내게 자비를 베푸실지도 모르니 소망을 잃지 말라고 격려하는 데서 멈추었다. 진전이 없기는 했으나 그래도 '과연 나한테 소망이 있기라도 한가?' 하는 지난번 물음에 답을 해준 셈이다. 하지만 "네게"라는 말이 없는 것에 만족할 수가 없어서 그 점에 대해서도 하나님께 아뢰었다.

내 은혜가 '네게' 족하도다

그러던 어느 날 하나님의 사람들이 모인 자리에 슬픔과 두려움에 사로잡힌 상태로 참석했다. 공포가 나를 강하게 엄습해왔다. 아무리 애써도 나아질 리 없는 내 영혼의 상태가 너무 슬프고 두렵다는 생각을 하고 있을 때 그 말씀이 또다시 마음을 뚫고 들어왔다.

"내 은혜가 네게 족하도다, 내 은혜가 네게 족하도다, 내 은혜가 네게 족하도다."

세 번이나 그 음성이 마음에 울려 퍼졌다. 단어 하나하나 "내, 은혜, 족하도다"가 너무나 강렬했다. 그때에는 이 말씀이 다른 말씀들보다 훨씬 크고 강렬했으며, 지금도 그렇게 다가올 때가 있다.

내 마음의 눈이 매우 밝아져서 마치 주님이 하늘에서 나를 내려다보시면서 직접 이 말씀을 해주시는 것만 같았다. 그 생각을 하면서 집에 오는 길에 내 모습을 돌아보자니 슬픔이 밀려오기는 했으나, 그 안에서도 기쁨이 충만했고, 마음이 매우 겸손해졌다. 이 영광스럽고 신선한 위로가 오래가지는 못했지만, 그래도 여러 주 동안 내 속에 머물면서 끊임없이 소망을 북돋워주었다. 하지만 이 강력한 위로가 사라지자마자 에서에 관한 말씀이 예전처럼 돌아왔다. 그리고 내 영혼이 예전처럼 널뛰듯 오르내리며 평안과 공포를 번갈아가며 맛보았다.

때로는 위로를 받고 때로는 고통에 시달리며 그렇게 여러 주를 지냈다. 고통이 참기 힘들 정도로 극심한 때도 있었는데, 이는 앞서 소개한 히브리서의 구절들이 천국 입구에 서서 나를 들어가지 못하게 막는 것 같았기 때문이다. 고통에 시달리고 난 뒤에는 내가 그런 생각을 품었던 것 때문에 다시금 회개하곤 했다.

치열한 투쟁의 승리

갑자기 이런 생각이 들었다.

'나를 대적하는 성경 말씀이 도대체 얼마나 되는 것일까? 서너 구절밖에 되지 않는 것 같은데, 하나님께서 그 구절들을 무시하시고 나를 거기서 면제시켜주실 수는 없을까?'

때로는 이런 생각도 들곤 했다.

'이 말씀이 없었다면 내가 어찌 위로를 받았겠는가?'

그럴 때면 성경에서 그 구절들을 삭제했으면 하는 마음이 싹 사라졌다.

그러던 중에 베드로와 바울과 요한과 모든 성경 기자들이 조소하는 눈빛으로 나를 바라보면서 마치 이렇게 말하는 것 같았다.

"우리가 한 말은 모두 참되고, 저마다 같은 효력이 있다. 우리가 너를 잘라낸 것이 아니라 네가 버림받기를 자초한 것이다. 우리가 전한 말 가운데 네가 귀담아 들어야 할 것은 다음과 같은 것들밖에 없다."

다시 새롭게 하여 회개케 할 수 없나니 히 6:6

다시 속죄하는 제사가 없고 히 10:26

의義의 도道를 안 후에 받은 거룩한 명령을 저버리는 것보다 알

지 못하는 것이 도리어 저희에게 나으니라 참 속담에 이르기를

개가 그 토하였던 것에 돌아가고 돼지가 씻었다가 더러운 구덩

이에 도로 누웠다 하는 말이 저희에게 응하였도다 벧후 2:21,22

성경은 폐하지 못하나니 요 10:35

그들이 도피성 장로들처럼 보였고, 나는 피의 보수자에게 쫓기다

가 도피성 문 앞에 간신히 당도하여 나를 재판할 그들 앞에서 벌벌

떨고 있는 것 같았다. 혹시 그들이 영원히 성문을 닫아버리지 않을까

숱한 두려움과 의심에 휩싸였다(수 20:3,4 참조). 성경이 과연 내 영혼

의 구원에 동의해줄 수 있는가 하는 문제를 해결할 방도를 몰라서 전

전긍긍했다. 나는 사도들 앞에서 덜덜 떨었다. 그들의 말이 다 참되

며, 영원히 변치 않고 서 있으리라는 것을 나는 잘 알았다.

　어떤 날은 마음에 떠오르는 성경 구절의 내용에 따라 마음 상태도

수시로 바뀌었다. 은혜에 관한 구절을 생각하면 평안해졌다가, 에서

에 관한 구절이 떠오르면 자리에 가만히 앉아 있지 못했다. 그러다

문득 이런 생각이 들었다.

　'만약 이 두 구절이 한꺼번에 떠오른다면 어느 구절이 내게 더 합

당한 것일까?'

두 구절이 한꺼번에 떠올랐으면 하는 바람이 내 속에 일었다. 하나님께서 그렇게 해주시면 좋겠다고 생각했다.

2, 3일 후에 실제로 그런 일이 일어났다. 두 구절이 한꺼번에 떠올라 내 속에서 한동안 강렬하게 충돌했다. 마침내 에서의 장자권에 관한 구절이 약해지면서 물러나 희미하게 사라졌고, 은혜가 족하다는 구절이 승리해 평안과 기쁨을 안겨주었다.

이 일을 한참 생각하고 있는데, "긍휼은 심판을 이기고 자랑하느니라"(약 2:13)라는 말씀이 떠올랐다. 참으로 경이로운 일이었지만, 나는 하나님이 그 말씀을 생각나게 해주셨다고 믿고 싶었다. 율법과 진노에 관한 말씀은 생명과 은혜에 관한 말씀에 자리를 내어줄 수밖에 없다. 왜냐하면 정죄의 말씀이 영광스럽기는 해도 생명과 구원의 말씀은 그보다 훨씬 더 영광스럽기 때문이다(고후 3:8-11 참조).

이런 말씀도 내 영혼을 아주 따뜻하게 어루만져주었다.

> 아버지께서 내게 주시는 자는 다 내게로 올 것이요 내게 오는
> 자는 내가 결코 내어쫓지 아니하리라 요 6:37

특히 "결코"라는 단어가 말할 수 없이 큰 위로를 주었다. 그 말이 "그가 무슨 일을 했든지 간에 상관없이"라는 뜻으로 다가왔다. 그러나 사탄은 그리스도께서 이 말씀을 하셨을 때는 나 같은 자를 염두에

두신 것이 아니라, 나보다 죄질이 약한 죄인들을 염두에 두신 것이라고 말하면서 나를 이 약속에서 끌어내리려고 안간힘을 썼다. 그러나 나는 사탄에게 다시 이렇게 응수했다.

"사탄아, 이 말씀은 그런 예외를 두지 않는다. '내게 오는 자는 내가 결코 내어쫓지 아니하리라'라는 말씀에서 '오는 자'란 누구나 다 포함하는 말씀이다."

사탄은 이 말씀을 내게서 빼앗기 위해 갖은 모욕을 가하였으나, 내가 주님 앞에 올바로 나아갔는지에 대해서 내 속에 의문을 일으키지는 못했다. 내가 주님 앞에 올바로 나아가는 것이 무엇인지 잘 안다는 것을 그도 잘 알기 때문이었으리라. 주님 앞에 올바로 나아간다는 것은 내 모습 그대로, 악하고 불경건한 죄인인 상태 그대로 나아가 죄인임을 자백하고 은혜의 발 앞에 엎드리는 것인 줄 알고 있었다.

하나님의 말씀 가운데 내가 평생 사탄과 치열하게 싸운 것이 있다면 바로 이 말씀이었다. 이 말씀을 놓고 사탄과 나는 양극단에 서서 대치했다. 얼마나 치열한 투쟁을 벌였던가! 사탄과 내가 그토록 밀고 당겼던 것은 바로 요한복음에 기록된 이 말씀 때문이었다. 우리는 서로 팽팽하게 줄다리기를 했다. 하지만 하나님의 큰 은혜로 결국 내가 이겼다. 거기서 말할 수 없이 큰 감격과 위로를 맛보았다.

이 같은 도움과 은혜의 복된 말씀에도 에서에 관한 말씀이 여전히 내 양심을 종종 무겁게 짓눌렀다. 방금 전에 큰 위로를 받는데도 그 말씀이 임하면서 내 마음은 다시 두려움에 휩싸였다. 다시 돌아와 나를 괴롭히는 그 말씀을 떨쳐버릴 수가 없었다.

참람한 생각의 본질

그래서 이제는 생각의 방향을 바꾸어, 내 안에 있는 참람한 생각의 본질을 찬찬히 생각해보기로 했다. 그 생각을 최대한 확장시켜보고, 단어 하나하나를 꼼꼼히 살펴보기로 했다. 그렇게 해서 내린 결론은, 내가 주 예수 그리스도에게 나의 구주가 되실 것인가를 자유롭게 맡겨드렸다는 것이었다. 내가 내뱉었던 악한 말이 "가고자 하신다면 가게 해드리자"라는 것이었기 때문이다.

그러자 내게 소망을 주는 말씀이 떠올랐다.

> 내가 과연 너희를 버리지 아니하고 과연 너희를 떠나지 아니하
> 리라 히 13:5

"주님, 저는 당신을 버렸나이다!"

내가 말했을 때, 이런 응답이 왔다.

"하지만 나는 너를 버리지 아니하리라."

내게는 대단히 고마운 일이었다. 하지만 하나님께서 나를 버리실지도 모른다는 두려움이 나를 여전히 압박했다. 내가 주님을 함부로 대한 순간들이 생각나서 그분을 신뢰하기가 몹시 어려웠다. 나를 버리지 않으시겠다는 말씀이 좀 더 일찍 내 마음에 들어왔다면 좋았으

리라는 생각을 했다. 만약 그랬다면 훨씬 더 쉽고 자유롭게 하나님의 은혜를 의지할 수 있었을 것이다. 내가 마치 요셉 형들 같다는 생각이 들었다. 그들은 자신들이 저지른 죄악으로 인한 죄책감 때문에 동생 요셉이 결국에는 자신들을 혐오할 것이라는 두려움에 자주 휩싸였다(창 50:15,16 참조).

그래도 내가 읽은 성경 가운데 도피성을 두어 살인자를 그리로 피하도록 한 여호수아서 20장에서 가장 큰 위로를 얻었다. '피의 보수자'가 살인자를 추격할 때, 도피성의 장로들은 그를 내줄 수 없었다.

> 그 살인자를 그의 손에 내어주지 말지니 이는 본래 미워함이
> 없이 부지중에 그 이웃을 죽였음이라 수 20:5

이 규례를 주신 하나님은 얼마나 인자한 분이신가! 나는 내가 살인자라고 확신했고, 나를 추격해오는 피의 보수자가 너무 무서웠다. 이제 내게 남은 것이라고는 내가 도피성에 들어갈 자격이 있는가를 묻는 것뿐이었다. 도피성에 관한 말씀들을 읽으면서, 기회를 엿보다가 피를 흘린 사람은 도피성에 들어갈 수 없다는 것을 알았다. 고의가 아닌 실수로 사람을 죽인 사람만이 도피성에 들어갈 수 있었다. 앙심이나 불평이나 원한 없이 우발적으로 피를 흘린 사람만이 들어가는 것이었다. 또한 이웃을 전에 미워하지 않던 사람이라야 했다.

그러므로 나는 도피성에 들어가야 할 사람이라는 생각을 했다. 나

는 "본래 미워함이 없이 부지중에" 이웃을 죽인 사람과 같았기 때문이다. 나는 본래 주님을 미워하지 않았다. 오히려 주님께 기도를 드렸고, 주님을 거슬러 죄를 짓지 않으려고 주의했다. 악한 시험에 넘어지기 전에는 시험에 맞서 열두 달 동안 투쟁했다. 그 생각이 내 마음에서 빠져나갈 때에도 입을 꽉 다물었지만 소용없었다. 따라서 나는 도피성에 들어갈 권리가 있고, 장로들 곧 사도들은 나를 피의 보수자에게 넘겨주어서는 안 된다고 생각했다. 이 생각이 나에게 적지 않은 위로를 주었고, 큰 소망을 일으켰다.

그러면서도 안전히 딛고 설 토대가 무엇인지 알지 못할 만큼 비판적인 논리에 몰려 있던 나는, 꼭 해결하고 넘어가고 싶은 한 가지 질문이 있었다. 그것은 "사함 받지 못할 죄를 범한 영혼이라도 그리스도로 말미암아 하나님이 주시는 참된 영적 위로를 아주 조금이라도 받는 게 가능한가?" 하는 문제였다.

이 문제를 골똘히 생각한 결과, 다음과 같은 이유들로 그럴 수 없다는 결론에 도달했다.

첫째, 그 죄를 범한 자들은 그리스도의 보혈에 참여할 수 없다. 그리스도의 보혈에서 차단된 까닭에 소망의 근거를 조금도 찾을 수 없고, 따라서 아주 작은 영적 위로도 기대할 수 없다. 그런 자들에게는 "다시 속죄하는 제사"(히 10:26)가 남아 있지 않기 때문이다.

둘째, 그들은 생명의 약속에 참여하는 것이 거부되었기 때문에 "이 세상과 오는 세상에도 사하심을 얻지 못하리라"(마 12:32)라고 주께서 친히 말씀하셨다.

셋째, 그리스도는 복된 대언代言의 대상에서도 그런 자들을 제외시키신다. 주님은 거룩하신 성부 하나님과 하늘의 복된 천사들 앞에서 그들의 주가 되시는 것을 영원히 부끄럽게 여기신다(막 8:38 참조).

말씀이 해석되는 기쁨

이 문제를 아주 깊이 생각한 끝에, 내가 이런 악한 죄를 범한 뒤에도 주께서 나를 위로하셨다는 결론에 이르렀다. 그동안 나를 멸망시킬 것 같아 무서워서 한 번도 똑바로 쳐다보지 못하고 성경에서 삭제되었으면 하는 마음을 간신히 참아온 그 두렵고 공포스러운 성경 구절들을 읽어볼 용기가 생겼다. 이제는 그 구절들을 펼쳐 읽고 상고하며, 그 정황과 의도를 자세히 살피려고 마음먹었다. 실제로 말씀을 보니 내가 전에 생각했던 것과는 달리 그렇게 엄하지만은 않았다.

먼저 펼쳐 읽은 말씀은 히브리서 6장이었다. 혹시 이 말씀에 심한 충격을 받지 않을까 덜컥 겁부터 났다. 하지만 읽고 가만히 생각해보니 이 구절이 말하는 '타락'은 완전히 떨어져 나간 것을 뜻했다. 다시 말해서 히브리서 기자가 전하는 예수 그리스도의 사죄의 복음을 완전히 떠나 그것을 부인하는 것을 가리키는 것이었다.

또 한 가지 발견한 사실은, 이 타락이 세상이 보는 앞에서도 사죄의 복음을 공개적으로 부인하여 "하나님의 아들을 다시 십자가에 못 박아 현저히 욕을 보임이라"(히 6:6)는 점이었다. 더 나아가 그 구절을 염두에 둔 사람들이 마음이 어두워지고 완고해져서 끝내 회개치 않음으로써 하나님께 나아갈 길이 영원히 봉쇄당한 사람들이라는 사실도 알았다.

다시 새롭게 하여 회개케 할 수 없나니 히 6:6

영원히 찬송을 드려도 다함이 없을 하나님의 은혜로 이런 사실들을 발견하게 된 나는, 내 죄가 그 구절이 말하는 죄가 아니라는 사실을 깨닫게 되었다.

첫째, 나는 내가 타락했음을 자백했지만, 예수 안에서 영생永生에 이르게 하는 신앙고백을 등진 것은 아니었다.

둘째, 나는 내 죄로 말미암아 예수 그리스도를 욕되게 했으나, 세상 앞에서 공개적으로 그런 것은 아니었다. 나는 사람들 앞에서 예수님을 부인하지 않았고, 세상 앞에서 그분을 무익한 자라고 비난하지도 않았다.

셋째, 하나님께서 나에게 문을 닫으시거나 내가 슬픔과 회개로 그분 앞에 나아가는 것을(아주 힘겨운 일이긴 했지만) 금하신 적이 없었다. 하나님은 과연 은혜가 측량할 수 없이 깊고 넓은 분이시다.

그런 다음 히브리서 10장을 상고하면서 거기에 언급된 고의적인 죄가 죄인 줄 알면서도 범한 모든 죄를 가리키는 것이 아니라, 그리스도와 그분의 계명들을 던져버리는 행위를 가리킨다는 사실을 발견했다. 율법이 규정한 정죄의 조건을 충족시키려면 두세 증인 앞에서 공개적으로 그런 행위를 해야 한다(히 10:28 참조). 이 죄는 은혜의 성령에게 강한 악감정을 품고서 죄에 대한 경고와 의義에 대한 권유를 모두 멸시하기 전에는 범할 수 없다. 내 죄가 악할지라도 그 정도는 아니라는 것을 주께서 아신다.

그런 다음에는 장자권을 팔아넘긴 에서의 행위를 언급한 히브리서 12장을 대면하게 되었다. 참으로 이 구절은 예리한 창을 겨누듯 내 앞에 버티고 서서 번번이 나를 쓰러뜨린 말씀이었다. 그러나 에서의 행위는 끊임없이 노력했는데도 경솔하게 나온 생각이 아니라, 충분히 숙고한 뒤에 마음으로 동의하고 실천으로 옮긴 행위였음을 알게 되었다(창 25:34 참조). 더 나아가 그것은 비록 여러 사람들은 아닐지라도 적어도 자기 동생 앞에서 공개적으로 범한 행위였다. 바로 이 점이 그의 죄를 훨씬 더 극악한 성격을 띠게 만들었다.

넷째, 에서는 항상 자신의 장자권을 대수롭지 않게 여겼다. 장자권을 판 뒤에도 아무 생각 없이 먹고 마시고 자기 길을 갔다. 자신의 장자권을 경시한 것이다. 이런 태도는 20년이 지난 뒤에도 달라지지 않았다.

내 동생아 내게 있는 것이 족하니 네 소유는 네게 두라 창 33:9

그러면 에서가 회개할 기회를 얻지 못했다는 말씀을 어떻게 이해해야 하는가 하는 문제를 생각한 끝에 이렇게 결론을 내렸다.

첫째, 그가 회개하려고 했던 이유는 장자권을 버린 행위 때문이 아니라 복을 놓쳤기 때문이었다. 이것은 히브리서 기자의 말에 분명히 나타나며(히 12:17), 에서 자신의 말에도 분명히 나타난다.

그가 나를 속임이 이것이 두 번째니이다 전에는 나의 장자의
명분을 빼앗고 이제는 내 복을 빼앗았나이다 창 27:36

둘째, 생각이 여기까지 이르자 나는 다시 히브리서 기자의 말로 돌아와, 에서의 죄에 관해서 신약성경의 문체와 의미에 나타난 하나님의 마음이 어떠할까를 상고해보았다. 내가 인식할 수 있는 한 하나님의 심정이란 장자권은 거듭남을, 복은 영원한 유업을 상징한다는 것이었다. 사도의 말도 그것을 암시하는 듯하다.

음행하는 자와 혹 한 그릇 식물을 위하여 장자의 명분을 판 에
서와 같이 망령된 자가 있을까 두려워하라 히 12:16

이 말씀은 믿고 거듭난 결과 시작하게 된 복된 출발을 거부하는 사람에게, 에서처럼 되어 복을 유업으로 받아야 할 때 오히려 버림받지 말라고 하시는 말씀인 것 같다. 많은 사람들이 은혜와 자비의 날에 천국으로 가는 권리에 해당하는 것들을 멸시했다가 심판 날에 에서

처럼 큰 소리로 "주여 열어주소서"(눅 13:25) 하고 부르짖게 될 것이기 때문이다. 그러나 이삭이 돌이켜 에서를 축복하지 않고 "내가… 그(야곱)를 위하여 축복하였은즉 그가 정녕 복을 받을 것이니라"(창 27:33)라고 말했듯이, 성부 하나님께서도 그런 자들에게 "행악하는 모든 자들아 나를 떠나가라"(눅 13:27)라고 말씀하실 것이다.

성경의 이 세 부분을 이렇게 이해한 다음, 이것이 성경의 다른 부분의 교훈과 상반되지 않는다는 사실을 확인하고 큰 위로와 격려를 받았다. 이 확신은 성경이 내 영혼의 구원에 동의할 수 없다는 반론에도 큰 타격을 가했다. 이제 남은 것은 내 마음을 모질게 휩쓸었던 격랑의 여파뿐이었다. 폭풍우가 지나가고 이제 빗방울만 간간이 떨어질 뿐이었다. 그러나 그동안 시달렸던 고통과 고뇌의 상처가 너무나 깊고 쓰라렸던 까닭에 마치 화상을 입었다가 회복할 때처럼 자주 아픔을 느꼈다. 작은 소리도 "불이야, 불이야" 하는 소리로 들렸다. 작은 충격 하나에도 내 여린 양심은 상처를 입곤 했다.

의는 하나님께 있다

아직 다 끝난 게 아니라는 생각에 두려움을 안고 몇 가지 문제로 가책을 당하며 들길을 걷고 있는데, 갑자기 "네 의義는 하늘에 있느니라"라는 음성이 마음에 울려 퍼졌다. 내가 어떤 처지에 있든 무엇을 하든, 하나님께서는 내게 의義가 부족하다고 말씀하지 않으셨다. 그 의는 항상 하나님께 있기 때문이다. 더 나아가 기분이 유쾌하거나 평안하다고 해서 내 의가 더 많아지거나, 우울하고 고뇌에 빠져 있다고 해서 의가 적어지는 것이 아니라는 사실도 알게 되었다. 나의 의는 어제나 오늘이나 영원토록 동일하신(히 13:8) 예수 그리스도 자신이셨기 때문이다.

이제는 정말로 내 발목에서 사슬이 벗겨졌다. 고통의 족쇄에서 풀려났다. 그토록 나를 괴롭히던 시험들도 다 물러갔다. 그때부터는 두렵기만 하던 성경 말씀들이 더 이상 나를 괴롭히지 않았다. 나는 하나님의 사랑과 은혜로 기쁨을 가득 안고 집으로 돌아갔다. 집에 도착해서 "네 의가 하늘에 있느니라"라는 내용이 성경에 있는지 찾아보았으나 찾을 수 없었다. 다시 마음이 가라앉기 시작하자 이 말씀이 기억났다.

> 너희는 하나님께로부터 나서 그리스도 예수 안에 있고 예수는 하나님께로서 나와서 우리에게 지혜와 의로움과 거룩함과 구속함이 되셨으니 고전 1:30

이 말씀에 힘입어 들길에서 내 마음에 떠올랐던 생각도 참되다는 것을 알았다. 이 말씀으로 그리스도 예수께서 육체적 임재에 관해서 우리와 구별되시듯이 하나님 앞에서 우리의 의와 거룩하심으로 계신다는 사실을 깨달았기 때문이다.

이 깨달음 덕분에 한동안 그리스도로 말미암아 하나님과 화목을 누리는 달콤함을 맛보았다. 온종일 '아, 그리스도가 이런 분이시구나!' 하고 감탄했고, 그리스도 외에는 아무것도 보이지 않았다. 이제는 그리스도의 보혈과 부활같이 그리스도께서 행하신 일을 따로 떼어 생각하지 않고, 그분을 모든 공로와 덕德과 관계와 직무와 사역을 한 몸에 지니고 하늘에서 하나님 우편에 앉아 계신 그리스도로 생각하게 되었다. 주님이 얼마나 뛰어나시고, 그분이 이루신 모든 공로가 얼마나 귀중하고 값진가를 생각하는 것이 내게는 무척 영광이었다.

나의 전부가 되신 그리스도

이제는 나 자신에게서 눈을 돌려 그리스도를 바라볼 수 있게 되었다. 내게 새롭게 입혀주신 하나님의 모든 은혜들조차 부자들이 돈궤에 금金을 싣고 귀향할 때 주머니에 넣어 오는 동전 정도로밖에 보이지 않았다. 내가 집으로 돌아올 때 싣고 가는 돈궤에는 금이 가득 실려 있었다. 그것은 바로 나의 주이시며 구주이신 그리스도셨다. 이제 그리스도께서 나의 전부가 되셨다. 그분이 나의 모든 의요 나의 모든 거룩함이요 나의 모든 구속이셨다.

더 나아가 주님은 나를 하나님의 마음과 하나 되는 신비로운 상태로 인도해주셨다. 이제는 하나님과 연합하여 그분의 살 중의 살이요 뼈 중의 뼈가 되었고, "우리는 그 몸의 지체임이니라"(엡 5:30)라는 말씀도 더없이 달콤하게 느껴졌다. 이 깨달음으로 그리스도를 나의 의義로 믿는 믿음이 더 강해졌다. 그리스도와 내가 하나라면 그리스도의 의가 나의 것이고, 그리스도의 공로도 나의 것이고, 그리스도의 승리도 나의 것이기 때문이다.

이제는 하늘에 있는 나와 땅에 있는 나를 동시에 볼 수 있었다. 하늘에는 나의 그리스도, 즉 나의 머리이시고 나의 의와 생명이신 그리스도에 힘입어 있고, 땅에는 내 육체 혹은 인격이 있었다. 그리스도 예수를 하나님께서 선택된 자들 전체를 생각하실 때마다 공동의 혹은 공적인 인격으로 간주하셨고, 우리도 그분을 그렇게 여겨야 함을 알게 되었다. 선택된 우리는 그리스도로 말미암아 율법을 성취했고, 그분으로 말미암아 죽음을 당했고, 그분으로 말미암아 죽은 자 가운데서 살아났고, 그분으로 말미암아 죄와 죽음과 마귀와 지옥을 이겼다고 여겨야 함을 알게 된 것이다. 그리스도가 죽으실 때 우리도 죽었다. 또한 주님의 부활에 관해서도 성경은 이렇게 가르친다.

주의 죽은 자들은 살아나고 우리의 시체들은 일어나리이다 사 26:19

여호와께서 이틀 후에 우리를 살리시며 제삼 일에 우리를 일으키시리니 우리가 그 앞에서 살리라 호 6:2

이 일이 이제 에베소서 말씀대로 하나님의 아들을 하늘의 엄위로 우신 하나님 우편에 앉히심으로써 성취되었다. 또 그 하나님께서 우리도 함께 일으키사 그리스도 예수 안에서 함께 하늘에 앉히셨다(엡

2:6). 당시에 이 복된 말씀과 단상들이 다른 말씀들과 더불어 내 눈에 불꽃처럼 빛나며, 나로 하여금 이렇게 고백하게 했다.

할렐루야 그 성소에서 하나님을 찬양하며 그 권능의 궁창에서 그를 찬양할지어다 그의 능하신 행동을 인하여 찬양하며 그의 지극히 광대하심을 좇아 찬양할지어다 시 150:1,2

고난당한 것이
내게 유익이라

chapter 09

고난당한 것이 내게 유익이라 이로 인하여 내가 주의 율례를 배우게 되었나이다 시 119:71

시험을 당한 이유

지금까지 악한 생각들로 인한 죄책감과 공포로 내 영혼이 겪은 슬픔과 고통을 짧은 글로 여러분에게 맛보여드렸으므로, 이제는 그 후 열두 달 정도 내 마음에 머물면서 이루 형언할 수 없는 감사와 경외의 마음을 일으킨 구원과 그로써 얻은 평안과 위로를 잠시 소개해드리고자 한다. 본론으로 들어가기 전에, 내가 품었던 생각이 시험의 원인이 되었다는 점과 그것이 결국에는 내 영혼에 얼마나 큰 유익을 끼쳤는가 하는 점을 간략하게 언급하고자 한다.

내가 겪은 시험의 원인은 두 가지였다고 보는데, 고통과 좌절에 휩싸여 지내던 시절에 그것을 내내 마음에서 놓지 않았다.

첫째는 내가 처음 시험에서 건짐을 받은 뒤에도 장차 올 시험들에서 지켜달라고 하나님께 여전히 기도하지 않은 것이었다. 물론 나는 시험에 들기 전에는 기도를 많이 했다고 장담할 수 있다. 그러나 주로 당면한 어려움에서 벗어나게 해달라는 기도와 그리스도 안에 나

타난 하나님의 사랑을 새롭게 깨닫게 해달라고 기도했다. 그것 말고
도 장차 올 악에서 지켜달라고 크신 하나님께 구했어야 했다. 이 점
에 관해서는 다윗의 기도를 읽으면서 깊이 깨닫게 되었다. 다윗은 하
나님의 자비를 받으며 살 때에도 언제 닥칠지 모를 죄와 유혹에서 지
켜달라고 기도했다.

> 주의 종으로 고범죄를 짓지 말게 하사 그 죄가 나를 주장치 못
>
> 하게 하소서 그리하시면 내가 정직하여 큰 죄과에서 벗어나겠
>
> 나이다 시 19:13

긴 세월 시험을 당하는 동안에, 나는 이 말씀으로 큰 책망을 받았
다. 이 의무를 소홀한 내 어리석음을 질책하는 말씀이 또 있었다.

> 그러므로 우리가 긍휼하심을 받고 때를 따라 돕는 은혜를 얻기
>
> 위하여 은혜의 보좌 앞에 담대히 나아갈 것이니라 히 4:16

나는 그 말씀대로 하지 않았으며, 이로써 "시험에 들지 않게 일어
나 기도하라"(눅 22:46)라는 말씀을 따르지 못하고 죄와 타락을 자초했
다. 실제로 이 문제가 그때까지 큰 무게와 두려움으로 나를 짓누른
까닭에, 이제는 주님 앞에 설 때마다 장차 올 시험에서 건져달라고
도움과 자비를 구하기 전에는 감히 끓었던 무릎을 일으켜 세울 수 없

게 되었다. 당신에게 간곡히 당부하건대, 내가 그 일에 게을러 몇 날, 몇 달, 몇 년을 슬픔과 고통 속에서 지낸 일을 타산지석으로 삼아 주의하기를 바란다.

내가 시험에 넘어졌던 또 다른 이유는 하나님을 시험했기 때문이다. 나는 다음과 같은 식으로 하나님을 시험했다. 아내가 아이를 임신했을 때의 일이다. 출산 예정일 전이었는데도 아내가 곧 아이를 낳을 것처럼 극심하게 괴로워했다. 언제라도 조산_{早産}할 것만 같았다. 바로 그 순간 나는 하나님이 계신지 의문을 제기해보고 싶은 강렬한 시험을 당했다. 곁에 있던 아내가 고통을 이기지 못해 부르짖고 있을 때, 나는 속으로 이렇게 기도했다.

"주님, 지금 당장 제 아내의 고통을 없애주시고, 오늘밤에 다시 고통당하지 않게 해주신다면 나의 가장 은밀한 생각까지 헤아리실 수 있음을 알겠나이다."

속으로 이렇게 말하자마자 아내는 고통에서 벗어나 깊은 잠에 빠졌고, 다음 날 아침까지 단잠을 잤다. 나는 너무 놀라 어찌할 바를 몰랐다. 하지만 아내의 비명이 그친 어둠 속에서 한동안 있다가 나도 함께 잠이 들었다. 다음 날 아침, 지난밤에 속으로 했던 말을 다시 생각해보니 주께서 내 은밀한 생각을 아신다는 증거를 직접 보이신 것이 틀림없었다. 그렇게 몇 주간은 경이로운 마음을 억누르지 못하고 지냈다.

1년 반 정도 지났을 때, 과거에 품었던 죄악 된 생각이 다시 내 악한 마음을 스쳐 지나갔다. '그리스도가 내게서 떠나려고 하신다면 떠나시게 해드리자' 하는 것이었다. 이 일로 인해 죄책감에 시달릴 때 또 다른 생각이 떠올랐는데, 거기에는 책망도 담겨 있었다.

"이제 너는 하나님께서 마음의 가장 은밀한 생각도 아시는 줄 알 것이다."

이 생각과 더불어 주님과 기드온이 나눴던 대화가 생각났다. 기드온이 주님의 말씀을 믿지 못하고 젖은 양털과 마른 양털로 주님을 시험했기 때문에, 후에 주님은 그에게 어떤 도움도 주시지 않고 중과부적衆寡不敵의 적군과 싸우게 하셨다(삿 7:7 참조). 주님은 이런 식으로 나를 대하셨고, 그것은 공정한 일이었다. 나는 하나님이 뜻하신 모든 일에 대해서 '만약'이라는 단서를 붙이지 않고 단순히 주님의 말씀을 믿어야 했던 것이다.

시험에서 얻은 유익

이제는 오히려 이러한 시험을 통해서 얻게 된 몇 가지 유익에 대해 말하고 싶다.

먼저 이 시험을 통해 하나님과 그리스도의 복과 영광이 얼마나 경이로운지를 체득하게 되었다. 시험당할 때의 내 영혼은 불신앙, 신성모독, 완고한 마음, 하나님과 그리스도의 존재와 진리의 말씀, 그리고 내세에 관한 여러 가지 의심에 휘둘렸다.

처음에는 무신론으로 심한 공격을 당해 고통을 겪다가 나중에는 상황이 완전히 달라졌다. 하나님과 그리스도는 항상 내 앞에 계셨지만, 위로의 대상이 아닌 두려움과 공포의 대상이었다. 하나님께서 지극히 거룩하신 분이라는 사실이 나를 산산이 부서뜨렸으며, 그리스도의 마음과 자비가 형차刑車에 달린 죄수처럼 나를 찢어놓았다. 멸망당한 자로서 그분을 생각하고 배척할 수밖에 없었던 것이다. 그 일을 생각하면 뼈가 으스러지는 것만 같았다.

성경도 내게는 몹시 경이로운 대상이었다. 성경의 진리와 실재가 천국의 열쇠라는 사실을 알았다. 성경에 합당한 사람은 복을 유업으로 받지만, 성경에 위배되어 정죄를 당하는 사람은 영원히 멸망한다는 것도 알았다. "성경은 누구도 파기할 수 없다"라는 말이 내 마음 깊은 곳을 찢어놓았으며, 다음 말씀도 그랬다.

> 너희가 뉘 죄든지 사하면 사하여질 것이요 뉘 죄든지 그대로
> 두면 그대로 있으리라 요 20:23

사도들이 도피성의 장로들처럼 보였다(수 20:4 참조). 그들이 받아들이는 자들은 영생을 얻게 되지만, 문을 닫아걸고 들여보내지 않는 자들은 피의 보수자에게 붙잡혀 죽게 된다. 4만 병력이 나를 죽이러 쫓아오는 것보다 나를 정죄하던 성경 한 구절이 더한 공포와 고통을 안겨주었다. 성경에 의해 적대시 당하는 자에게는 화가 있을 것이다.

이 시험으로 인해 성경의 약속들의 본질을 전보다 더욱 분명히 알

게 되었다. 그리고 하나님의 강한 손 아래에서 벌벌 떨면서 우레처럼 내리치는 공의의 말씀에 계속해서 찢기고 부서졌다. 이 일을 겪으면서 두려움에 가슴 졸이며 성경을 세밀하게 살펴보았고, 공포에 떠밀린 부지런함으로 문장 하나하나와 그 안에 담긴 의미를 샅샅이 상고했다. 이 시험으로 인해 약속의 말씀이 떠오를 때마다 나와 상관없다고 지워버리던 어리석은 행위도 버렸다. 이제는 약속의 말씀에서 위로와 만족을 얻지 못하더라도 물에 빠진 사람처럼 무엇이든 붙잡으려는 마음이 생긴 것이다. 전에는 약속에서 위로를 받을 때만 약속을 생각했는데, 이제는 피의 보수자가 바짝 추격해오는 바람에 그럴 여유가 없었다.

그러므로 아직은 내게 문을 닫아 걸은 것 같은 약속의 말씀을 소유하거나 심지어 그 품에 뛰어들 만한 어떤 근거나 권리가 없어서 두렵긴 했으나, 그 말씀을 기꺼이 붙들었다. 이제는 말씀을 음절 하나의 의미도 축소하지 않고 하나님께서 주신 대로 받아들이려고 노력했다. 아, 요한복음 6장의 복된 내용에서 내가 무엇을 보았던가?

내게 오는 자는 내가 결코 내어쫓지 아니하리라 요 6:37

하나님께 내가 받아들일 마음보다 훨씬 더 크게 말씀하실 입이 있으시다는 생각이 들었다. 하나님은 경솔하게 무엇을 말씀하시는 법이 없고, 무엇이든 무한한 지혜와 판단으로, 모든 진리와 신실함으로 말씀하신다는 것을 생각하게 되었다.

그 당시에는 극심한 고통을 느끼며 마치 진흙 구덩이에 빠져 마른 땅으로 나가려고 안간힘을 쓰는 말처럼, 비틀거리면서라도 약속을 향해 나아가곤 했다. 두려움 때문에 정상적인 판단력을 잃은 사람 같아도 이 약속에 남아 기대고, 그것을 성취하는 일은 하늘의 하나님께 맡겨두기로 결심한 것이다.

아, 요한복음 6장의 빛나는 교훈을 놓고 사탄과 얼마나 치열한 쟁투를 벌였던가! 그 말씀이 아무리 반갑고 친근하더라도, 이제는 전처럼 그 말씀에서 위로를 찾으려 하지 않았다. 이제는 지친 내 영혼이 영원히 가라앉지 않기 위해 붙잡을 만한 단어 하나라도 있는지 치열하게 찾았을 뿐이다. 온 마음을 다해 말씀에 담긴 약속을 보아도 주께서 내 영혼을 영원히 거절하시는 것처럼 보일 때가 많았다.

죽을힘을 다해 산봉우리로 뛰어 올라가면 주님이 화염검을 들고 가로막고 떠미시는 것만 같았다. 왕에게 읍소하기 위해 법을 어기고 왕에게 나아간 에스더 생각도 많이 났다(에 4:16 참조). 적군에게 자비를 구하기 위해서 머리에 테두리를 이고 나아간 벤하닷의 신복들도 생각났다(왕상 20:31 참조). 그리스도께 자비를 구하기 위해서 개라고 불러도 개의치 않은 가나안 여인과 한밤중에 친구 집에 음식을 구하러 찾아간 사람의 이야기도 내게 용기를 주었다(마 15:22 ; 눅 11:5-8 참조).

시험을 겪고 나서야 비로소 주님의 은혜와 사랑과 자비가 얼마나 높고 깊은지를 절실히 알 수 있었다. 죄가 큰 만큼 은혜도 컸던 것이다. 죄책감 때문에 두렵고 치열할수록 그리스도 안에 나타난 하나님의 자비도 지극히 높고 강력하게 다가온다. 욥은 고난을 통과한 후에 전보다 두 배나 많은 소유를 얻었다(욥 42:10 참조).

우리 주 예수 그리스도를 주신 하나님은 온 마음을 다해 찬양을 드려도 다함이 없으신 분이다. 내가 겪은 일들은 그밖에도 많지만 간략하게 이 정도로 마치고자 한다. 이 글을 읽는 분들이 내가 범한 죄악들을 보고 두려운 마음을 갖게 되어 나처럼 철 멍에를 메지 않게 해주시기를 하나님께 기도한다.

이 시험에서 건짐을 받을 무렵, 견딜 수 없이 낯설고 강력한 하나님의 은혜를 두세 번 경험했다. 그것은 상상을 초월하는 것이어서 그 상태가 오래 지속되었다면 나는 아마 아무 일도 못하고 죽은 듯 지내야 했을 것이다.

내가 만난 시험

이번에는 주님이 다른 때 나를 대해주신 일들과 그때 내가 당한 시험들을 잠시 소개하고자 한다. 먼저 베드포드교회에 입교했을 때 겪은 일부터 말하려고 한다. 그때 나는 그 교회의 하나님의 자녀들과 함께 그리스도의 명령과 규례를 지키겠다는 뜻을 밝혔고, 그들도 나를 반갑게 맞아주었다.

그리스도께서 죽으시기 전에 제자들과 함께 마지막 만찬을 나누시면서 제정하신 복된 성찬을 생각하다가 "너희가 이를 행하여 나를 기념하라"(눅 22:19)라는 말씀이 아주 소중하게 다가왔다. 이 말씀으로 주께서 내 죄를 위해 죽으신 사실을 내 양심에 깨우쳐주셨고, 그것을 생각할 때 주께서 나도 같은 상태에 던져 넣으신 것 같은 느낌이 들었다.

하지만 오랫동안 성찬에 참석하지 않고 살아온 터라, 그 성례를 모독하고 싶은 욕구와 성찬에 참여하는 사람들에게 아주 몹쓸 짓을 하고 싶은 충동이 강렬하게 일어났다. 이런 악하고 두려운 생각에 동조하는 죄를 범하지 않기 위해서 나는 마음을 다잡고 한동안 엎드려 이러한 신성모독에서 건져달라고 하나님께 기도했으며, 성찬을 받는 자들이 거룩한 잔과 떡을 받게 해달라고 간구했다.

왜 이런 시험을 만나게 되었는지 곰곰이 생각해보니 처음에 품었던 경외심 없이 성찬에 참석했기 때문이라는 결론을 내리게 되었다. 세 계절을 그런 상태로 지내면서 어떤 안식이나 평안도 누리지 못하던 중에, 마침내 주님이 전에 깊은 감동을 주셨던 말씀으로 내 영혼을 찾아주셨다. 그 후로는 복된 성례에 기쁘고 편한 마음으로 참석했으며, 주의 살이 내 죄를 위해 찢기시고 그 피가 내 허물을 위해 흘렀음을 분별했다고 믿는다.

죽음의 위기 앞에서

어느 봄, 한동안 폐병 증세가 나타나 몸이 급속도로 쇠약해져서 더는 살 수 없을 것 같은 상황이 되었다. 내 상태를 진지하게 돌아보면서, 장차 올 복된 세상에 들어가기에 합당한 증거들이 있는지 살폈다. 참으로 감시하게도, 나는 고통당할 때일수록 장차 올 생명을 눈앞에 선명하게 그려보려고 노력했다. 하지만 하나님이 내 영혼을 선대하신 경험을 떠올리면 어김없이 내가 범했던 무수한 죄와 잘못이 한꺼번에 머릿속으로 쏟아져 들어왔다.

나를 가장 슬프고 아프게 한 것은 내가 영적으로 무기력과 침체와 냉랭함에 빠져 신앙 의무들을 제대로 수행하지 못한 것이었다. 마음이 도무지 갈피를 잡지 못하고, 선한 것에 싫증이 나고, 하나님과 그분이 하시는 일과 그분의 백성들에 대한 사랑이 식었다. 그리고 이런 의문으로 귀결되었다.

"이런 것들이 기독교의 열매란 말인가? 진정 복된 사람의 증표라는 말인가?"

이런 생각을 품자 병세가 배로 악화되었다. 내 영혼이 죄책감에 사로잡혀 속사람마저 병든 것이다. 지난날 하나님께서 내게 베푸신 모든 인애가 원래 없었던 것처럼 내 마음에서 사라지고 감춰졌다. 내 영혼은 '꼭 살아야 하나?' 하는 생각과 '감히 스스로 죽으려고 해서는 안 된다'는 생각 사이에서 크게 흔들렸다. 마음은 가라앉을 대로 가라앉았고, 모든 것에서 손을 놓았다. 잔뜩 낙심해서 길을 오르내리며 집에 오는데 하나님의 말씀이 내 마음을 사로잡았다.

그리스도 예수 안에 있는 구속으로 말미암아 하나님의 은혜로

값없이 의롭다 하심을 얻은 자 되었느니라 롬 3:24

그 말씀이 나를 완전히 돌려세웠다. 정신을 차리고 보니 깊은 악몽에서 깨어난 것만 같았다. 하늘의 음성을 듣고 있으니 마치 이런 말이 울려 퍼지는 것만 같았다.

"죄인아, 너는 네 죄와 결함 때문에 내가 네 영혼을 구원할 수 없는 줄로 생각하고 있느냐? 하지만 보라, 내 아들이 내 곁에 있고, 나는 너를 바라보는 게 아니라 내 아들을 바라본다. 너를 대할 때는 내 아들을 볼 때 얻는 기쁨으로 대할 것이다."

순간 마음이 환해지면서, 하나님께서 언제나 죄인을 의롭다 하실 수 있다는 사실이 확연히 깨달아졌다. 하나님은 다만 그리스도를 바라보시고 그리스도의 공로를 우리에게 전가시키신다.

그 생각에 잠겨 있을 때, 내 마음을 강하게 사로잡은 말씀이 있다.

하나님이 우리를 구원하사 거룩하신 부르심으로 부르심은 우리의 행위대로 하심이 아니요 오직 자기 뜻과 영원한 때 전부터 그리스도 예수 안에서 우리에게 주신 은혜대로 하심이라 딤후 1:9

이제 나는 높은 곳에 앉아 있었다. 은혜와 자비의 품에 안겨 있는 내 모습을 보았다. 전에는 죽음의 순간을 생각할 때마다 공포에 질렸

으나 이제는 "죽어도 여한이 없습니다!"라고 외쳤다. 죽음이 그렇게 정겹고 아름답게 보일 수가 없었다. 저 세상으로 가야 비로소 생명다운 생명을 누린다는 것을 알았기 때문이다. 이생의 삶은 천상天上의 삶과 비교하면 선잠을 자는 것에 지나지 않는다.

이 무렵, "하나님의 후사"(롬 8:17)라는 말에서 이 세상에서 사는 동안 표현할 수 없는 큰 감격을 맛보았다. 내가 하나님의 후사인 것이다! 하나님께서는 성도들의 분깃이시다. 아주 경이로운 사실이었으나 그 심정을 글로 다 표현할 수가 없다.

그 후에도 몹시 아픈 적이 있었는데, 그때에도 시험자가 와서 나를 괴롭혔다. 시험자는 한 영혼이 무덤에 들어갈 날이 가까워진 때를 좋은 기회로 알고 괴롭히는 데 능숙하다는 것을 알았다. 시험자는 병약한 나를 상대로 과거에 하나님의 선하심을 맛본 경험을 잊게 하려고 애를 썼다. 또한 죽음과 심판에 대한 공포로 나를 공격했는데, 그 정도가 얼마나 심하던지 '내 죄 값으로 내가 죽는구나' 하는 두려운 생각에 죽음이 임하기도 전에 죽은 자처럼 되었고, 이미 지옥 구덩이로 내려가는 것 같았다. 그때 내 입에서 "이제는 지옥으로 내려가는 길밖에 없구나" 하는 말이 새어나왔다.

하지만 이렇게 두려움에 사로잡혀 있을 때, 나사로를 인도하여 아브라함의 품에 안기게 해준 천사들이 나를 향해 "너도 이 세상을 떠날 때 그렇게 될 것이다"라고 하는 말이 들리는 듯했다. 이 생각에 내 영혼은 활기를 되찾고 하나님께 소망을 둘 힘을 얻게 되었다. 그 생각에 잠겨 잠시 위안을 맛보고 있을 때 "사망아 너의 이기는 것이 어디 있느냐 사망아 너의 쏘는 것이 어디 있느냐"(고전 15:55) 라는 말씀이 강하게 내 마음에 임했다. 이 말씀을 듣자마자 나의 몸과 마음이 회복되었다. 병이 사라지고, 자리를 털고 일어나 가벼운 몸과 마음으로 다시 하나님을 위한 일에 매진할 수 있게 된 것이다.

나는 예수님께 가야 한다

또 한번은 건강을 완전히 회복하기 직전에 어둠의 그늘이 나를 휘덮더니 하나님과 그리스도에 관한 내용을 완전히 가리는 바람에 평생 그 내용을 본 적도 없고 안 적도 없는 것처럼 되었다. 너무 얼이 빠지고 풀이 죽은 나머지 그리스도께서 주신 은혜와 생명이 있었는데도 내 영혼이 살아 움직이지 않았다. 허리가 부러진 것 같았고, 손발이 사슬에 단단히 매인 것 같았다. 그와 동시에 육체의 기력이 현저히 쇠약해졌고, 그러고 나니 고통이 한층 더 극심하게 느껴졌다.

사나흘을 그렇게 지내고 화로火爐 곁에 앉아 있는데 갑자기 '나는 예수님께 가야 한다'는 생각이 마음에 퍼졌다. 이 생각이 나를 덮고 있던 어둠과 무신론을 깨끗이 몰아냈고, 하늘의 복된 것들이 다시 내 마음을 채웠다. 이 일로 인한 놀라움이 채 가시기 전에 나는 아내에게 이렇게 물었다.

"여보, 성경에 '나는 예수님께 가야 한다'는 구절이 있소?"

아내는 잘 모르겠다고 대답했다.

혹시 성경에 그 구절이 있었는지 생각해내기 위해 잠시 서 있는데 2,3분 정도 지났을까, "천만 천사와"(히 12:22)라는 말씀이 번쩍 뇌리를 스쳤다. 그리고 시온산에 관한 히브리서 12장의 말씀 전체가 눈앞에 그려졌다. 나는 아주 기뻐서 아내에게 "아, 이제 알았소!" 하고 말했다.

그날 밤은 내게 아주 특별했다. 내 평생에 그렇게 좋은 밤은 없었다. 한시바삐 하나님의 백성들을 만나 하나님께서 내게 보여주신 교훈을 전하고 싶었다. 그리스도가 아주 귀한 분으로 여겨졌다. 그리스도로 말미암은 기쁨과 평안과 승리 때문에 잠자리에 누웠는데도 잠이 오지 않았다.

이 큰 영광이 다음 날 아침까지 지속되지는 않았지만, 히브리서 12장은 그 후로도 여러 날 내게 큰 위로를 주었다. 특히 힘이 된 부분은 다음과 같다.

> 그러나 너희가 이른 곳은 시온산과 살아 계신 하나님의 도성인 하늘의 예루살렘과 천만 천사와 하늘에 기록한 장자들의 총회와 교회와 만민의 심판자이신 하나님과 및 온전케 된 의인의 영들과 새 언약의 중보이신 예수와 및 아벨의 피보다 더 낫게 말하는 뿌린 피니라 히 12:22-24

이 말씀을 통해서 주님은 나를 거듭 인도하셨다. 처음에는 이 구절

로, 다음에는 저 구절로 인도하시면서 하나하나 놀라운 영광을 깨닫
게 해주셨다. 그 후로도 이 말씀은 내 영혼에 큰 위안이 되었다. 나
같은 자에게 자비를 베풀어주신 하나님께 진심으로 감사드린다.

복음을 전하는
주의 일꾼이 되리라

chapter **10**

죄인을 미혹한 길에서 돌아서게 하는 자가 그 영혼을 사망에서 구원하며 허다한 죄를 덮을 것이니라 약 5:20

약한 나를 사용하시는 하나님

내 경험담을 말하는 지금, 내가 하나님의 말씀을 전한 일과 하나님
이 그 일과 관련하여 내게 해주신 일을 한두 가지 소개하고자 한다.
5,6년에 걸친 영적인 각성이 있은 후, 우리 주 예수 그리스도의 필요
를 깨닫고 내 영혼을 전부 맡길 수 있게 되었을 때, 신앙적 판단과 거
룩한 생활에 앞장선 성도 몇 분이 나를 하나님의 거룩하고 복된 말씀
을 깨닫기에 합당한 자로 평가하고, 내가 그동안 겪으면서 깨달은 바
를 다른 성도들에게 전하여 유익을 끼칠 수 있는 기회를 주었다. 그
분들이 아주 진지하고 간절하게 내게 요청을 해왔으므로, 나는 적절
한 때에 성도들에게 권고의 말을 전할 마음이 생겼다.

처음 제의를 받았을 때는 몹시 주저되었으나 간곡한 요청에 못 이
겨 두 번의 집회에서 간증하게 되었다. 비록 약하고 허점이 많은 간
증이었으나, 개인적으로는 그 과정에서 내 은사를 발견했다. 성도들
이 크신 하나님 앞에서 나의 간증에 감화와 위로를 받은 듯했고, 성

도들 저마다 그렇게 이야기해주었다. 그들은 내게 이런 은혜를 주신 자비의 하나님께 감사드렸다. 그 후 몇 분이 시골로 말씀을 전하러 가면서 내게 함께하기를 청했다. 나는 아직 내 은사를 공개적으로 사용할 계획이나 용기가 없었다. 다만 비공식적으로 사용할 생각이었는데, 그 분들을 따라 간 곳에서 권고의 말을 이따금 해주었다. 그 사람들도 내 말을 귀 기울여 듣더니 하나님이 내게 베푸신 자비를 기뻐하면서, 큰 은혜를 받았다고 말했다.

사역자로 쓰임 받다

이후로 교회로부터 더욱 간곡한 요청을 받은 나는 금식하면서 주님 앞에 기도드린 뒤, 이미 믿는 사람들뿐 아니라 아직 복음전도를 받지 못한 사람들을 대상으로 하는 정기적이고 공적인 말씀사역에 부름을 받고 세움을 입게 되었다. 그 무렵 내가 말씀사역을 사모하고 있다는 것을 발견했다. 참으로 감사하게도 그것은 명예욕에서 비롯된 것이 아니었다. 그때 나는 마귀가 내 영혼에 쏘아대는 화살에 몹시 고통당하고 있었기 때문에 명예욕을 품고 지낼 만한 여유는 없었다.

물론 은사를 제대로 발휘하기 전까지는 만족할 수 없었으나, 신자들의 끊임없는 권유와 사도 바울이 고린도교회 교인들에게 전한 말씀에 큰 힘을 얻었다.

형제들아 스데바나의 집은 곧 아가야의 첫 열매요 또 성도 섬기기

로 작정한 줄을 너희가 아는지라 내가 너희를 권하노니 이 같은

자들과 또 함께 일하며 수고하는 모든 자에게 복종하라 고전 16:15,16

이 말씀을 읽으면서, 성령님은 은사와 능력을 받은 사람들이 그것
을 땅속에 묻어두기를 바라지 않으시며, 발휘하도록 명령하시고, 분
발케 하시며, 자신을 기꺼이 드리는 자들을 칭찬하신다는 것을 알게
되었다.

그 당시에 "성도 섬기기로 작정한 줄을 너희가 아는지라"(고전
16:15)라는 말씀이 내 마음에 거하면서 하나님을 위해 나를 드려 일할
용기와 힘을 끊임없이 불어넣어주었다. 그 외에도 하나님의 말씀과
교회사敎會史 기록에 실린 여러 구절들과 신자들의 행적을 읽고 큰
격려를 받았다(행 8:4, 18:24,25 ; 벧전 4:10 ; 롬 12:6 참조, 폭스Foxe의《순교자
열전》Book of Martyrs).

따라서 나는 다른 성도들보다 무가치한데도 내 약함을 크게 두려
워하고 떨면서 말씀사역에 들어섰으며, 내 은사와 믿음의 분량에 따
라 하나님께서 진리의 말씀으로 내게 보여주신 복음을 전하기 시작
했다. 소문을 듣고 각처에서 수백 명이 찾아왔는데, 저마다 다른 동
기로 왔겠지만 말씀을 참 열심히 듣는 것 같았다. 감사하게도 하나
님께서는 내게 그 영혼들을 측은히 여기는 마음을 주셨고, 그에 힘입
어 혹시 하나님께서 그들의 양심을 붙잡아 흔들어 깨우실 말씀이 무
엇일까 더 부지런하고 진실하게 상고했다. 선하신 주님은 종의 이

같은 소원을 받아주셨다. 강단에서 하나님의 말씀을 전하는데, 얼마 지나지 않아 성도들이 자기들의 죄가 얼마나 큰지, 그리고 예수 그리스도가 얼마나 필요한지를 깨닫고 큰 고통과 근심에 사로잡혔던 것이다.

그때까지도 나 자신을 쓸모없다고 여기던 나는, 하나님께서 과연 나를 쓰셔서 다른 사람의 마음에 말씀하실는지 잘 믿기지 않았다. 하지만 내 설교를 듣고 감동을 받은 사람들이 내게 각별한 사랑과 존경을 표했다. 내 설교가 그들을 일깨웠다는 생각을 덮어버렸는데도 그들은 여전히 성도들 앞에서 그 사실을 고백하고 인정했다. 게다가 나같이 자격 없는 사람을 말씀의 도구로 삼아 자기들에게 구원의 길을 보여주신 하나님께 감사했다.

그들의 말과 행위가 늘 한결같고, 그들이 예수 그리스도 알기를 간절히 원하고, 하나님께서 나를 자신들에게 보내주신 것을 기뻐하는 모습을 확인한 나는, 하나님께서 나같이 미련한 자를 자신의 사역에 들어 쓰시기로 하셨다는 결론을 내렸다. 그 순간, 하나님의 말씀이 아주 새롭게 다가왔다.

> 망하게 된 자도 나를 위하여 복을 빌었으며 과부의 마음이 나
> 로 인하여 기뻐 노래하였었느니라 욥 29:13

이 말씀을 생각하고 몹시 기뻤다. 하나님께서 내 설교를 사용하셔

서 일깨운 사람들이 흘리는 눈물도 내게는 큰 위로와 격려가 되었다. 그때 나는 또 다른 말씀들을 기억했다.

> 내가 너희를 근심하게 하면 나의 근심하게 한 자밖에 나를 기 쁘게 하는 자가 누구냐 고후 2:2

> 다른 사람들에게는 내가 사도가 아닐지라도 너희에게는 사도 니 나의 사도됨을 주 안에서 인친 것이 너희라 고전 9:2

이런 경험들이 하나님께서 나를 이 사역에 부르시고 세우셨다는 증거로 다가왔다.

죄를 먼저 일깨우다

말씀을 전하면서 주목하게 된 한 가지는, 주께서 말씀이 시작하는 곳에서부터 시작하도록 인도하셨다는 것이다. 즉, 죄인들에게 먼저 육체에 속한 모든 것을 정죄하게 하시고, 율법으로 말미암는 하나님의 저주가 세상에 태어난 모든 사람들을 장악하고 있다는 사실을 밝히 공포하게 하신 것이다. 나는 율법의 공포와 내 죄악으로 인한 죄책감에 양심을 짓눌려본 경험이 있는 까닭에, 하나님의 말씀이 가르치는 이 면을 매우 진지하게 전했다. 내가 아주 예리하게 느꼈던 것, 내 가련한 영혼이 신음하고 두려워 떤 것을 가감하지 않고 증거했다.

사실상 나는 죽은 자들 가운데서 그들에게 보냄을 받은 자와 다름 없었다. 나 스스로 사슬에 결박당한 채 나같이 사슬에 매인 사람들에게 다가갔고, 내 양심을 고통스럽게 태우던 불을 그대로 전해 경각심을 심어주었다. 솔직하게 말하자면, 말씀을 전하러 갈 때 심지어 강단에 서기 직전까지도 죄책감과 공포에 사로잡히곤 했다. 하지만 강단에 서서 말씀을 전할 때면 죄책감과 공포가 사라졌고, 평안한 마음으로 말씀을 전했다. 하지만 설교를 마치고 강단에서 내려오는 순간, 이내 전과 같은 마음으로 돌아가곤 했다. 그렇지만 하나님은 강한 손으로 나를 붙들어주셨다. 죄책감이나 지옥에 대한 공포도 그 사역을 그만두게 하지 못했다.

이렇게 사람들의 죄와 그들의 두려운 상태를 일깨워주는 일을 2년간 계속했다. 그 후 주님이 내 영혼에 확실한 평안과 위로를 베풀어주셨다. 그리스도를 통해서 복된 은혜를 많이 발견하게 된 것이다. 그때부터 내 설교의 어조도 변하기 시작했다. 나는 일관되게 내가 보고 느낀 것을 전해왔기 때문이다. 따라서 이제는 예수 그리스도께서 맡아 수행하신 모든 직분과 관계와 세상에 끼친 유익을 증거하는 데 힘썼다. 세상 사람들이 기대다가 넘어지고 멸망하고 마는 거짓 버팀목들을 찾아내 정죄하고 제거하는 데도 힘을 기울였다. 이 주제들을 다른 설교자들 못지않게 자세히 다루었다.

그러던 중 하나님께서 그리스도와 연합하는 신비에 관해 깨닫게 해주신 바가 있어서, 그 내용을 설교했다. 이렇게 5년 동안 말씀의 핵

심 주제를 두루 전하게 된 어느 날, 설교 중에 체포되어 옥에 갇히게 되었다. 지난날 여러 곳을 다니면서 진리를 증거했던 나는, 이제 그에 못지않은 긴 시간을 옥중에서 고난당하는 것으로 진리를 확증하게 된 것이다. 나는 말씀을 전하러 다니면서 사역을 진실하게 수행하는 동안 하나님께 간절히 부르짖었다. 내가 전하는 복음의 말씀을 사용하셔서 영혼들을 구원시켜주시고, 여전히 죄책감에 억눌려 있는 그들의 양심에서 원수가 말씀을 빼앗아가지 않게 하시며, 이로써 나의 사역이 헛되지 않게 해달라는 것이었다. 또한 하나님의 말씀도 그런 심정으로 전함으로써 될 수 있는 대로 말씀을 듣는 사람이 자기가 지은 죄를 구체적으로 깨닫도록 힘썼다.

말씀의 단비가 쏟아지도록

그 일에 마음을 기울인 어느 날, 이제는 하나님의 말씀이 메마른 돌밭을 적시는 단비처럼 가련한 영혼들에게 쏟아져 내려야 한다는 생각이 들면서 다음과 같은 간절한 소원이 생겼다.

'오늘 내 설교를 들은 사람들이 죄와 죽음과 지옥과 하나님의 저주가 무엇인지 깨닫고 또 하나님이 그리스도를 통해서 베풀어주시는 은혜와 사랑과 자비를 알게 된다면 얼마나 좋을까.'

만약 내가 회중이 보는 앞에서 당장 교수형을 당해서 그들을 일깨우고 진리로 굳게 세워줄 수만 있다면 얼마든지 기쁘게 그렇게 하겠다고 혼잣말로 자주 되뇌었다. 이는 설교할 때, 특히 아무 공로 없이 그리스도에 힘입어 영생을 얻는 도리를 전할 때는 마치 하나님의 천사가 뒤에서 나를 격려해주는 것만 같았기 때문이다. 복음을 힘써 전하는 동안 내게 베푸신 능력과 천상天上의 증거는 다른 사람들의 양심에 대해서도 자신 있게 전할 만큼 강력한 것이어서 강단에 서서 내가 믿고 확신한다고 말하는 정도로는 만족할 수 없었다. 내가 전하는 것이 참됨을 "확신했다"는 정도의 표현으로는 성에 차지 않았다.

말씀을 전하기 위해 처음 외지外地로 나갔을 때 그 지역의 신학 교수들과 사제들이 나를 노골적으로 반대하며 비판했다. 그러나 나는 맞대응을 자제하고, 다만 내가 이 세속적인 종교 지도자들로 하여금 율법에 얽매인 자신들의 비참한 처지를 깨닫게 하고, 그리스도의 필요와 가치를 얼마나 절실히 느끼게 할 수 있는지 확인해보기로 작정했다. 당장은 몰이해를 당하겠지만, 나의 이 행동이 장차 그들이 나를 제대로 평가하고 내 말을 받아들일 때 어떤 대답이 될 거라고 생각했다(창 30:33 참조).

나는 성도들 사이에서 특히 저급한 본성에 속한 문제를 놓고 벌이는 토론과 논쟁을 거들떠보지 않았다. 물론 예수님의 죽음과 고난에 힘입은 믿음과 사죄에 관한 말씀을 바로 전하기 위해서는 치열한 논쟁도 마다하지 않았다. 하지만 다른 문제들에는 일절 개입하지 않았다. 왜냐하면 사소한 논쟁이 다툼으로 비화되는 것을 보았고, 그런 것이 결코 하나님의 백성답지 못하다는 것을 알았기 때문이다.

더 나아가 적극적으로 사람의 양심을 흔들어 깨우는 일을 했다. 오직 그 일에만 전념했다. 다른 사역자들의 생각과 말에 편승하거나 그 럴 엄두를 내지 않았다(롬 15:18 참조). 그 일이 나쁘다고 생각하지는 않았지만, 하나님의 말씀과 성령님이 가르쳐주신 교훈은 오직 견고 하게 확립된 양심이 있어야만 전할 수도, 견지할 수도 있다고 생각했 으며 또 경험으로 터득했기 때문이다. 이 점에 대해 내가 아는 모든 것을 이 자리에서 다 말할 생각은 없다. 대신 내 입장은 다른 사람들 이 아는 것보다 갈라디아서 1장 11,12절 말씀에 더 가깝다는 말로 갈 음할까 한다.

> 형제들아 내가 너희에게 알게 하노니 내가 전한 복음이 사람의
> 뜻을 따라 된 것이 아니라 이는 내가 사람에게서 받은 것도 아
> 니요 배운 것도 아니요 오직 예수 그리스도의 계시로 말미암은
> 것이라

내 설교를 듣고 나서 죄를 깨닫고 주 앞에 나왔다가 다시 주님을 떠난 사람들이 몇 있는데, 내게는 그들의 멸망이 친자식을 무덤으로 보내는 것보다 더 가슴 아팠다. 내 영혼이 구원받을 기회를 잃는 것 을 제외하면 그 어떤 것도 그렇게 두렵지 않았다고 주님 앞에서 감히 말할 수 있다. 내가 마치 으리으리한 저택을 소유하고 그곳에서 내 자녀들을 낳아 다스리는 것 같았다.

이 영광스러운 사역에 참여하게 된 감격과 긍지가 몹시 커서 기독

교 세계의 황제나 세상 모든 영광을 가진 군주가 된 것보다 더 큰 복과 명예를 얻었다고 자부했다.

> 너희가 알 것은 죄인을 미혹한 길에서 돌아서게 하는 자가 그 영혼을 사망에서 구원하며 허다한 죄를 덮을 것이니라 약 5:20

> 의인의 열매는 생명나무라 지혜로운 자는 사람을 얻느니라 잠 11:30

> 지혜 있는 자는 궁창의 빛과 같이 빛날 것이요 많은 사람을 옳은 데로 돌아오게 한 자는 별과 같이 영원토록 비취리라 단 12:3

> 우리의 소망이나 기쁨이나 자랑의 면류관이 무엇이냐 그의 강림하실 때 우리 주 예수 앞에 너희가 아니냐 너희는 우리의 영광이요 기쁨이니라 살전 2:19,20

이 말씀들이 내게 큰 격려가 되었다. 돌이켜 보면, 내가 말씀을 전해야 할 때마다 먼저 하나님께서 내 마음에 그 일을 할 소원을 일으켜주시던 일이 생각난다. 또한 말씀을 전할 때 회중 가운데 특정인이 내 마음을 강하게 사로잡아 그들이 구원받게 되기를 간절히 바란 뒤에는 그들이 내 사역의 열매가 되는 것도 발견했다. 설교 도중에 즉

홍적으로 전한 말이 다른 내용보다 더 효력을 발휘한 적도 있었다. 혹은 설교가 시원치 못했다고 생각했는데 오히려 어느 때보다 큰 영향을 끼친 때도 있었다. 그런가 하면, 말씀으로 분명히 사로잡은 줄로만 알았는데 아무런 결실을 맺지 못하고 끝난 경우도 있었다.

해산의 고통과도 같은 복음 전파

또 다른 면에서 발견한 점은, 죄인들에게 말씀을 전하려고 하면 마귀가 그들의 마음속에서 그리고 자기 졸개들의 입을 통해서 소란을 피우기 시작했다는 사실이다. 하지만 그렇게 악한 세상이 들고일어나 소란을 피울 때에도 오히려 말씀을 듣고 죄와 은혜를 깨닫고 나온 사람들이 적지 않았다(구체적인 사례를 소개하자면 얼마든지 많지만 자제한다).

사역을 하면서 간절히 바란 것은 사회의 어두운 구석들을 찾아가 구원에서 가장 거리가 먼 사람들에게도 복음을 전하는 것이었다. 내가 빛을 견디지 못해서 그런 것은 아니다. 내게 맡기신 복음을 누구에게라도 두려움 없이 전할 수 있었던 것이다. 오히려 내 마음이 죄인을 깨우쳐 회심케 하는 사역에 기울었기 때문이고, 내 설교도 그쪽에 많이 기울어져 있었기 때문이다.

또 내가 그리스도의 이름을 부르는 곳에는 복음을 전하지 않기로 힘썼노니 이는 남의 터 위에 건축하지 아니하려 함이라 롬 15:20

복음을 전하는 일은 내게 참으로 고단한 일이었고, 말 그대로 하나님께 자녀들을 낳아드리는 해산解産의 고통을 겪었다. 사역에 어느 정도 결실이 보이기 전에는 만족할 수도 없었다. 결실이 없을 때는 누가 나를 칭찬해도 귀에 들어오지 않았지만, 결실이 있을 때는 누가 내게 손가락질을 해도 개의치 않았다. 이때 시편 말씀이 깊이 와 닿았다.

> 자식은 여호와의 주신 기업이요 태의 열매는 그의 상급이로다
> 젊은 자의 자식은 장사의 수중의 화살 같으니 이것이 그 전통
> 에 가득한 자는 복되도다 저희가 성문에서 그 원수와 말할 때
> 에 수치를 당치 아니하리로다 시 127:3-5

사람들이 예수 그리스도에 대해 무지하고 구원의 중요성을 알지 못하는 것처럼 보일 때는 내 설교를 아무리 열심히 듣는다 해도 조금도 반갑지 않았다. 대신에 죄, 특히 불신앙에 철저한 가책을 느끼고, 그리스도께서 구원해주시기를 뜨겁게 갈망하고, 영혼이 진정으로 거룩해지기를 소원하는 태도를 보면 아주 기뻤다. 그런 사람들을 보면 참 복된 사람들이라고 여겼다.

여전한 유혹

다른 사역자들도 그렇겠지만, 말씀을 전하면서 다양한 유혹이 따

라다녔다. 때로는 내가 전하는 설교가 회중에게 아무런 유익도 끼치지 못할 것 같고, 회중 앞에서 조리 있게 말할 자신도 없어서 지레 겁먹고 낙심하기도 했다. 그럴 때면 이상하게 몸에서 힘이 빠져나가 다리가 풀리는 바람에 집회 장소까지 가기에도 벅찼다.

때로는 설교하는 동안 신성모독적인 생각이 떠올라 회중 앞에서 그 말을 발설하고 싶은 유혹을 강렬하게 느끼기도 했고, 설교를 시작할 때는 명쾌하고 유창한 연설로 시작했으나 도중에 앞서 한 말을 까맣게 잊어버리는 바람에 어설프게 설교를 마무리한 적도 있다. 또 회중 앞에서 말해야 하는 부담감에 너무 긴장한 나머지 무슨 설교를 했는지 하나도 기억나지 않을 때도 있었다.

또 어떤 때는 아주 신랄한 본문으로 설교하려고 할 때 시험자가 나서서 이렇게 반문하기도 했다.

"네가 이 말씀을 전한다고? 이 본문은 바로 너 자신을 정죄하지 않는가? 다름 아닌 네가 이 본문에 죄책감을 느껴야 마땅하다. 그러니 이 본문을 가지고 설교할 생각은 하지 말라. 굳이 하려거든 완곡하게 전하여 네가 빠져나갈 길을 만들어놓아야 할 것이다. 그렇지 않으면 다른 사람들을 깨우치기는커녕 네 자신이 죄책감에 빠져 다시는 헤어나오지 못할 것이다."

그러나 참으로 감사하게도, 나는 이런 두려운 제안을 받아들이지 않고, 오히려 삼손처럼 젖 먹던 힘까지 다해 죄와 허물이 보이는 대로 그것을 정죄했다. 그러고 나면 내 양심이 죄책감으로 얼룩지기는 했으나 그럴 때마다 하나님의 복된 말씀을 저버리기보다 "블레셋 사람과 함께 죽기를 원하노라"(삿 16:30)라고 외쳤던 삼손을 기억했다.

> 그러면 다른 사람을 가르치는 네가 네 자신을 가르치지 아니하
>
> 느냐 롬 2:21

이런 경우라면 회중 앞에 명쾌하게 말씀을 전하고 그 말씀에 판단을 받는 것이 낫지, 자신을 보호하느라 의義의 말씀을 막아서는 안 될 것이다. 이 점에서 나를 크게 도우신 하나님께 진심으로 감사를 드린다.

울리는 꽹과리가 되지 않기 위해

그뿐 아니라 그리스도의 복된 사역을 하는 동안 나도 모르게 우쭐해지는 시험을 자주 당했다. 물론 이 시험에 흔들린 일이 없다고 할 수는 없지만, 주께서 크신 자비로 나를 엄히 대하신 까닭에 그런 생각이 들 겨를이 없었다. 왜냐하면 나는 날마다 내 악한 마음을 의식하고, 내 안에서 부패하고 연약한 모습을 자주 보았기 때문이다. 내게 주신 여러 가지 은사들과 그 은사들로 이룬 업적이 분명히 있었지만, 늘 고개 숙이고 지낼 수밖에 없었다. 나는 이것을 하나님께서 은혜로 내리신 '육체의 가시'로 여기며 살았다(고후 12:8 참조).

내가 이 가시와 함께 늘 마음에 간직하고 산 것은, 은사와 업적이

있더라도 영혼이 멸망할 수 있다고 경고하는 말씀이었다.

> 내가 사람의 방언과 천사의 말을 할지라도 사랑이 없으면 소리
> 나는 구리와 울리는 꽹과리가 되고 고전 13:1

꽹과리는 연주자가 능숙한 솜씨로 마음을 울리는 소리를 연주하면 어깨가 저절로 들썩이게 되는 악기이다. 물론 꽹과리 자체에는 생명도 없고 연주자가 연주하지 않으면 소리도 낼 수 없다. 기껏해야 음악을 연주하는 악기였다는 기억만 남기고 아무 짝에도 쓸모없이 사라질 것이다.

은사는 있지만 구원의 은혜가 없는 사람들이 그렇게 된다는 것을 나는 알았다. 그들은 다윗의 손에 들린 수금처럼 그리스도의 손에 들린 악기들이다. 다윗이 악기를 사용해 하나님을 찬송함으로써 예배자들의 마음을 북돋았듯이, 그리스도께서는 이런 은사자들을 쓰셔서 교회 안에서 자기 백성들을 가르치게 하실 수 있다. 하지만 하나님의 일을 다 하신 후에는 생명력은 없는, 그저 울리는 꽹과리로 두실 수도 있다.

이런 생각은 내 교만과 허영심 많은 욕심이 고개를 들 경우 사정 없이 내리치는 '메'와 같은 역할을 했다. 그때마다 나는 이렇게 생각했다.

'소리 나는 구리와 같다고 자부심을 갖는다는 말인가? 바이올린이

된다고 해서 더 나은 게 무엇인가? 생명이 있는 미물微物도 이것들보다 하나님께 더 많은 것을 받지 않았는가?'

게다가 오직 사랑만 사라지지 않고 남으며, 이런 것들은 그치고 사라진다는 것을 알았다. 따라서 아주 훌륭한 은사보다 차라리 작은 은혜, 작은 사랑, 작은 경외가 더 낫다고 결론지었다. 시행착오를 겪으며 근근이 대답해줄 수 있는 사람이 지식의 은사에 힘입어 자신의 견해를 천사처럼 유창하게 전할 능력이 있는 사람들보다 주님께 천 배나 더 큰 은혜와 사랑을 받은 것이라고 자신할 수 있다.

그러므로 은사 자체는 그것을 주신 목적, 즉 다른 사람들을 믿음으로 일으켜 세우는 데 유익하지만, 주께서 그것을 쓰시지 않는다면 자기 영혼을 구원할 능력도 없다는 사실을 깨닫게 되었다. 더욱이 은사는 사람이 행복한 상태에 있다는 증거도 될 수 없다. 그것은 다만 하나님께서 당신의 뜻을 이루시기 위해 사람에게 주신 것이다. 그 은사를 하나님의 뜻에 따라 사용했느냐 그렇게 하지 못했느냐에 따라 장차 산 자와 죽은 자를 심판하러 오실 분 앞에서 설명해야 한다.

내가 더 경각심을 갖게 된 것은, 은사만 있으면 위험하다는 생각 때문이었다. 은사 자체가 위험한 것이 아니라 은사가 있는 사람에게 따라다니는 여러 가지 악들, 이를테면 교만과 허영과 자부심 등이 위험하다는 것이다. 생각이 깊지 못한 그리스도인들이 무심코 던지는 칭찬 한마디가 그런 악들을 쉽게 부풀려서 가련한 영혼으로 하여금 마귀의 저주에 떨어지게 만들기 쉽다.

따라서 은사를 지닌 사람이 은사의 본질을 제대로 알아야 그것에 안주하다가 하나님의 은혜에 이르지 못하는 잘못을 저지르지 않는다는 사실을 알게 되었다. 은사 자체로는 사람을 구원받은 상태로 유지하기에는 부족한 것이다. 은사를 받은 사람도 겸손하게 하나님과 동행하는 삶을 살아야 한다. 개인이 소유한 은사는 자신의 것이 아니라 교회의 것이며, 은사를 발휘하여 교회를 섬겨야 한다는 사실을 기억해야 한다. 은사를 맡아 사용한 사람으로서 훗날 주 예수님 앞에 결산해야 한다. 좋은 회계 보고를 할 수 있다면 훌륭한 일일 것이다.

그러므로 주님을 경외하는 마음으로 자랑하는 마음을 버려야 한다. 은사는 참으로 사모할 만한 것이기는 하지만, 작은 은사를 받고 큰 은혜를 받은 것이 은사만 크게 받고 은혜는 받지 못한 것보다 훨씬 낫다. 주께서 은사와 영광을 주시는 것이 아니라 은혜와 영광을 주신다고 해야 옳다. 주님께 은혜를 받되 참된 은혜를 받는 자는 복되다. 그것이야말로 확실한 영광의 보증이기 때문이다.

나를 둘러싼 거짓 소문들

사탄이 그 방식으로 나를 시험하고 공격했지만 나를 통한 주님의 사역을 무너뜨리지 못하고 소기의 목적도 달성하지 못하자 방법을 바꿨다. 무지하고 악의에 찬 사람들을 선동하여 나를 욕하고 비방하도록 만든 것이다. 사탄이 고안한 책략과 수단들이 사회 전체를 격동시켜 내 사역을 중단시키려 했음을 이제는 좀 더 분명히 말할 수 있다.

예를 들어 내가 마술사라거나 예수회 회원이라거나 노상강도라는 따위의 소문이 퍼지기 시작했다. 이러한 비방에 대해서는 하나님께서 나의 무고함을 다 아신다고 말하는 것으로 그칠 것이다. 하지만 나를 비방한 자들은 하나님의 아들의 법정에서 나를 대면하여 자신들의 다른 죄악들과 함께 이 일에 대해서도 답변할 준비를 해야 할 것이다. 그렇게 되기 전에 그들이 모든 죄를 회개하기를 나는 진심으로 기도한다.

그러나 가장 확실한 사실처럼 떠돈 소문은 내가 부도덕한 생활에 중독되어 있다는 것이었다. 나는 이런 비방마저도 자랑스럽게 생각한다. 왜냐하면 그것은 마귀와 그의 종자들이 나를 넘어뜨리기 위해 퍼뜨리는 어리석은 거짓말이기 때문이다. 게다가 만약 세상이 나를 그렇게 악하게 대하지 않았다면 나는 성도이자 하나님의 자녀로서의 표징들 가운데 하나를 얻지 못했을 것이다. 주님은 이렇게 말씀하셨다.

> 나를 인하여 너희를 욕하고 핍박하고 거짓으로 너희를 거스려
> 모든 악한 말을 할 때에는 너희에게 복이 있나니 기뻐하고 즐
> 거워하라 하늘에서 너희의 상이 큼이라 너희 전에 있던 선지자
> 들을 이같이 핍박하였느니라 마 5:11,12

따라서 이런 비방은 비록 터무니없는 거짓말이었지만 나 개인에

게는 아무런 고통도 주지 못한다. 나는 선한 양심을 갖고 있다. 그들이 나에 대해서 행악자라고 말하더라도, 내가 그리스도 안에서 나눈 선한 대화를 거짓으로 비방한 행위에 대해 장차 부끄러워할 날이 올 것이다. 그렇다면 이처럼 나를 모질게 대한 사람들에게 뭐라고 말해야 옳을까? 그들에게 엄중히 경고해야 할까? 거짓 비방을 하지 말라고 애원해야 할까?

비방에 대처하는 자세

하지만 나는 그렇게 하지 않겠다. 글과 말로 나를 거짓 비방하는 자들이 만약 그 행위로 인해 멸망으로 치닫지만 않는다면, 나는 그들에게 "떠들고 다녀라. 그래봐야 오히려 내 영광만 증가시킬 뿐이니까" 하고 응수할 것이다. 하지만 나는 조용히 그런 거짓 비방들을 나를 꾸미는 장신구처럼 달고 다닌다. 비방과 손가락질을 당하고 욕을 먹는 것은 내가 그리스도인으로서 감수해야 할 몫이다. 나의 하나님과 내 선한 양심이 증거하듯이 이런 비방들은 아무것도 아니기 때문에 나는 그리스도를 위해 이런 대접을 받는 것이 기쁘다.

내게 그런 비방, 즉 내가 성적으로 문란한 생활을 하고 있다는 비방을 퍼뜨리는 것을 일삼는 미련하고 악한 자들에게 당부하고 싶은 것은, 내 생활을 샅샅이 조사하여 과연 하늘이든 땅이든 지옥이든 내가 어느 순간, 어느 장소에서 불륜을 꾀한 적이 있는지 증거를 찾아내보라는 것이다. 내가 원수들에게 나를 선하게 평가해달라고 간청

하는 것인가? 결코 아니다. 이 점에 관한 한 나는 누구에게도 믿어달라고 부탁하지 않는다. 나를 믿어주든 믿어주지 않든 내게는 문제가 되지 않는다.

나의 대적들은 이 점에서 나를 쏘아 넘어뜨리려 했으나 그것은 과녁을 잘못 설정한 것이다. 나는 그런 부류의 사람이 아니다. 그들 역시 그런 사람들이 아니기를 바란다. 잉글랜드의 모든 간음자들과 행음자들을 샅샅이 색출하여 교수형에 처해 죽이더라도 그들이 잡아 죽이지 못해 애달픈 존 번연은 틀림없이 살아남을 것이다. 여자라면 그들이 입은 옷과 그들의 자녀들과 평판 정도만 알 뿐, 하늘 아래 내 아내 외에 다른 여자를 나는 알지 못한다.

이 점에서 나는 하나님의 지혜에 탄복할 뿐이다. 하나님은 나를 회심할 때부터 지금까지 이 점에서 조심스럽게 살도록 해주셨던 것이다. 나를 잘 아는 사람들은 내가 아내 외에 다른 여성을 친근히 대한 적이 없다는 것을 잘 알고, 증언도 할 수 있다.

나는 남녀가 뺨이나 손등에 입을 맞추는 방식으로 인사를 나누는 것조차 마음에 들지 않는다. 그렇게 인사하는 모습이 썩 유쾌하지 않다. 남녀가 개인적으로 담소를 나누는 것도 인정할 수가 없다. 내게는 그런 행위가 가당치 않은 것이다. 선량한 사람들이 여성들을 만났을 때 그런 식으로 인사하는 모습을 보고 가끔 그것이 바르지 못한 일이라고 이의를 제기한 적이 있다. 그들이 예절을 지키는 것일 뿐이라고 대답하면, 나는 그것이 적절하지 못한 행동이라고 말했다. 더러는 그런 인사법이 '거룩한 입맞춤'이 아니냐고 이견異見을 제시했는데, 그런 사람들에게는 왜 아름다운 여성에게만 그렇게 인사하고 그렇지 않은 여성에게는 그냥 목례만 하느냐고 되물었다. 그런 행동이 다른 사람들의 눈에는 좋게 보였어도 내게는 온당치 못하게 보였던 것이다.

이 문제를 매듭짓기 위해서, 사람이든 천사든 내가 혼인서약을 깨뜨리는 죄를 범한 적이 있는지 입증할 수 있으면 해보라고 당부하고 싶다. 나는 하나도 두렵지 않다. 이 점에 관해서 내 영혼이 무죄하다는 기록을 보여 달라고 하나님께 간청해도 싫어하거나 거절하지 않으실 줄 알기 때문이다. 내 속에 다른 사람들보다 선한 것이 있었기 때문에 이렇게 보호를 받았다는 말은 결코 아니다. 다만 하나님께서 내게 자비를 베푸서서 나를 보호해주셨을 뿐이다.

"주님, 앞으로도 저를 이 문제에서 뿐 아니라 모든 악한 길과 행동에서 지켜주셔서 천국에 이르도록 해주시기를 기도드리옵나이다. 아멘."

사탄이 비방과 욕으로 나를 악인으로 몰아세워 내가 전하는 말씀이 효력을 발휘하지 못하도록 애썼던 것처럼, 이번에는 길고 지루한 수감생활이 나로 하여금 그리스도 섬기는 일을 위협하려 했고, 세상이 내 설교 듣기를 주저하게 만들려고 했다. 이 점에 관해서는 다음 장에서 간략히 언급할 것이다.

오직 하나님만
의뢰하게 하시네

chapter 11

이는 우리로 자기를 의뢰하지 말고 오직 죽은 자를 다시 살리시는 하나님만 의뢰하게 하심이라 고후 1:9

수감생활의 유익

오랫동안 영광스러운 그리스도의 복음을 고백하고 5년간 설교해 온 나는, 이 나라의 선량한 사람들이 모인 집회에서 체포되었다. 만약 그들이 나를 붙잡아가지 않았다면 그날 나는 복음을 전했을 것이다. 하지만 그들은 나를 붙잡아 치안판사에게 끌고 갔다. 나는 다음 번 법정에 꼭 출두하겠다는 의사를 밝히고 그것을 입증할 담보물을 제출했으나, 내 보증인들이 내가 더 이상 사람들을 상대로 설교하지 않는다는 의무 조항에 동의하지 않자 법원 당국은 나를 감옥에 가둬 버렸다.

이후에 열린 재판에서 나는 불법 집회를 모의하고 주관한 혐의와 영국국교회 예배에 따르지 않은 혐의로 기소되었다. 판사들은 서로 논의를 한 다음 내게서 소명疏明을 들은 뒤 국교회에 순응하기를 거부한 죄목으로 종신형을 선고했다(그 시대 비국교도 설교자로서 당해야 했던 부당한 박해-역자 주). 그렇게 해서 나는 간수에게 인도되어 감옥에 간혔고, 그곳에서 하나님이 그 사람들을 통해 내게 어떤 일을 해주실지 기다리면서 지금까지 꼬빡 12년을 지냈다.

그 상황에서도 하나님의 은혜로 제법 만족스럽게 지냈지만, 주님 혹은 사탄과 내 부패한 성향 때문에 심정의 변화와 기복을 겪었다. 예수 그리스도의 은혜로 옥살이에서 얻은 것이 참으로 많았지만, 그 중에서도 큰 확신과 교훈, 그리고 깨달음을 얻은 것은 적지 않은 수확이었다. 여기서 길게 이야기할 수는 없고, 다만 한두 가지 중요한 예만 소개하고자 한다. 나의 이 말이 경건한 사람들에게 격려가 되어서 하나님께 감사하고 나를 위해 기도하는 마음을 갖게 되기를 바란다. 또한 나의 경험에서 용기를 얻어 그들도 나와 같은 처지에 놓일 때 두려워하지 않기를 바란다.

나는 평생에, 수감생활을 할 때만큼 하나님의 말씀을 깊이 이해한 적이 없었다. 전에는 그저 그런 줄로만 알고 지나쳤던 구절들이 이곳에서는 확연하게 다가왔다. 이때만큼 예수 그리스도를 실제적이고 뚜렷하게 생각하며 산 적이 없었다. 이곳에서는 그리스도를 마음으로 보고 느끼며 지냈다.

> 우리 주 예수 그리스도의 능력과 강림하심을 너희에게 알게 한 것이 공교히 만든 이야기를 좇은 것이 아니요 우리는 그의 크신 위엄을 친히 본 자라 벤후 1:16

너희는 저를 죽은 자 가운데서 살리시고 영광을 주신 하나님을
그리스도로 말미암아 믿는 자니 너희 믿음과 소망이 하나님께
있게 하셨느니라 벧전 1:21

이 말씀들이 갇혀 있는 내게 큰 유익을 끼쳤다. 또 큰 위로와 격려
가 되는 말씀들도 많았다(요 14:1-4, 16:33, 골 3:3,4 ; 히 12:22-24 참조). 이
말씀들을 상고할 때면 멸망을 비웃을 수 있었으며, 말과 말 탄 자도
두렵지 않았다.

나는 옥중에서, 내 죄가 사함을 받았고 내가 예수님과 함께 다른
세계에 있다는 것을 깨달았다. 시온산과 하늘의 예루살렘, 셀 수 없
이 많은 천사들, 천하 만민의 재판장이신 하나님, 온전하게 된 의인
들의 영혼들, 그리고 예수님이 그렇게 반가울 수가 없었다. 이곳에서
마음의 눈으로 바라본 것을 이 세상에 있는 동안에는 다 표현할 재주
가 없다. 과연 베드로전서 말씀이 참되다는 것을 절실히 깨달았다.

예수를 너희가 보지 못하였으나 사랑하는도다 이제도 보지 못
하나 믿고 말할 수 없는 영광스러운 즐거움으로 기뻐하니 벧전 1:8

나는 수감생활을 하면서, 하나님이 항상 내 곁에 계시며 사탄이 나
를 괴롭히려고 할 때에도 늘 나와 함께하신다는 것을 분명히 알게 되
었다. 두려움이 밀려올 때면 위로와 격려도 함께 따라왔다. 내가 잔

뜩 위축되어 내 그림자를 보고도 소스라치게 놀랄 때에도 하나님은 내게 자비를 베푸셔서 내가 고통과 괴로움당하는 것을 허락지 않으셨으며, 성경의 이런 저런 말씀으로 모든 고난을 이길 힘을 불어넣어 주셨다. 이것이 실제적으로 다가온 까닭에, 어느 때는 만약 그래도 된다면 더 큰 위로를 받기 위해 더 큰 고통을 당했으면 좋겠다는 생각까지 들었다(전 7:14 ; 고후 1:5 참조).

고난을 견디는 최선의 방법

감옥에 수감되기 전에 내게 닥칠 일을 예견할 때, 특별히 두 가지 생각이 내 마음에 불을 지폈다.

첫째는 어떤 자세로 죽음을 맞이할 것인가 하는 것이었는데, 내가 감옥에서 해야 할 일이라는 생각이었다. 이 점에서 다음 말씀이 나를 크게 깨우쳐주었다.

> 그 영광의 힘을 좇아 모든 능력으로 능하게 하시며 기쁨으로
> 모든 견딤과 오래 참음에 이르게 하시고 골 1:11

내가 수감되기 전에는 거의 1년간 기도를 제대로 하지 못했는데, 이 말씀이 내 마음에 깊이 들어온 후로는 오래 참으려면, 특히 기쁨으로 모든 것을 견디려면 주님이 주시는 능력을 받아야 한다는 생각이 들었다.

둘째 생각에 대해서는 다음 말씀이 큰 도움을 주었다.

> 우리 마음에 사형선고를 받은 줄 알았으니 이는 우리로 자기를
> 의뢰하지 말고 오직 죽은 자를 다시 살리시는 하나님만 의뢰하
> 게 하심이라 고후 1:9

이 말씀에서, 만약 고난을 제대로 견디려면 먼저 이생에 속한 것이
라 불리는 모든 것, 심지어 나 자신과 아내와 자식들과 건강과 세상
즐거움까지 사형선고를 내려 그것들이 나에 대해서 죽고 나도 그것
들에 대해서 죽은 줄로 여겨야 한다는 것을 깨달았다.

그 다음으로 할 일은 보이지 않는 하나님에 대해서 사는 것이었다.
낙심하여 주저앉지 않도록 성경은 이렇게 길을 제시했다.

> 우리의 돌아보는 것은 보이는 것이 아니요 보이지 않는 것이니
> 보이는 것은 잠깐이요 보이지 않는 것은 영원함이니라 고후 4:18

이 말씀을 상고하면서 생각을 가다듬었다. 만약 수감생활이 전부
인 줄 알고 그것을 위해서만 대비한다면 뜻하지 않게 채찍질을 당하
거나 칼을 쓰는 수모를 겪을지도 모른다. 또한 이런 것이 전부인 줄
로 알고 그만큼만 대비한다면 추방형을 당할 경우 어찌할 바를 모를
것이다. 또 추방형이 최악의 경우인 줄로만 알고 있다가 사형선고를

받게 되면 당황할 것이다. 그러므로 고난을 견디는 가장 좋은 방법은 그리스도를 통해서 하나님을 의뢰하는 것이고, 이 세상에 대해서는 욥의 태도로 대하는 것이다.

> 내 소망이 음부로 내 집을 삼음에 있어서 침상을 흑암에 베풀
> 고 무덤더러 너는 내 아비라, 구더기더러 너는 내 어미, 내 자매
> 라 할진대 욥 17:13,14

이것이 내 앞에 놓인 고난을 기쁘게 당하고 견딜 수 있는 길이라고 생각했다.

시험을 이기게 해준 생각들

그러나 이런 말씀에 큰 용기를 얻었어도 나는 여전히 연약한 인간일 뿐이었다. 아내와 가엾은 자식들과 떨어져 지내면서 뼈에서 살을 도려내는 듯한 고통을 자주 겪었다. 하나님께서 이런 역경 속에서도 베푸시는 많은 긍휼로 위로와 용기를 얻은 것도 사실이지만, 내 가련한 식구들이 겪을 고생과 비참과 궁핍, 특히 더 마음이 가는 앞 못 보는 불쌍한 자식을 생각하면 마음이 미어졌다. 그 아이가 당할 고생을 생각하면 마음이 찢어질 듯이 아팠다.

"불쌍한 아이야, 이 세상에서 네가 당해야 할 슬픔의 몫이 얼마나 크냐! 너는 세상을 살면서 구타를 당하고 구걸하고 배고픔과 추위와

헐벗음과 수없이 많은 문제를 겪어야만 한단다. 그런데 이렇게 모진 바람이 불어 닥치는데도 나는 조금도 그것을 막아줄 수 없구나. 나로서는 **뼈**를 저미는 것처럼 아프지만, 나 자신을 돌아보면서 너와 네 앞날을 하나님께 의뢰해야 한다고 생각했단다. 내 처지가 마치 아내와 자식들 위로 제 집을 무너뜨리는 자와 다를 바 없는 것 같구나."

"아무리 그렇다 해도 이건 내가 꼭 감당해야 하는 일이다. 꼭 감당해야 하는 일이다!"

이때 송아지들을 뒤로 한 채 하나님의 언약궤를 다른 곳으로 운반해야 했던 암소 두 마리가 생각났다(삼상 6:10 참조).

하지만 나는 여러 가지 생각들로 이 시험을 이길 수 있었다. 그중에서 특별히 세 가지를 소개하고자 한다.

첫째, 다음 두 성경 말씀을 상고했다.

> 네 고아들을 남겨두라 내가 그들을 살려 두리라 네 과부들은 나를 의지할 것이니라 렘 49:11

> 여호와께서 가라사대 내가 진실로 너를 강하게 할 것이요 너로 복을 얻게 할 것이며 내가 진실로 네 대적으로 재앙과 환난의 때에 네게 간구하게 하리라 렘 15:11

둘째, 만약 하나님을 위해 모든 것을 감수해야 한다면 하나님께서도 내 모든 염려와 근심을 다 맡아 주관해주실 거라고 생각했다. 만약 나 혹은 내 사람들에게 닥칠지 모를 고난이 두려워서 주님을 버린다면, 그것은 신앙을 저버리는 일일 것이다. 뿐만 아니라 비록 하나님의 방식을 포기하더라도 내 짐을 스스로 맡아 관리하는 것이 하나님의 발 앞에 맡겨 두는 것보다 더 안전하다고 여기는 셈이 될 것이다. 이 생각이 내게 적지 않은 자극을 주었다. 이기적인 생각에 사로잡혀 자기 스승을 팔아넘길 마음을 먹은 유다를 향해 그리스도께서 그에게 화가 있을 것이라고 하신 말씀도 마음을 다잡는 데 큰 도움이 되었다. 그리고 시편 109편을 기도하는 마음으로 차분하게 읽었다.

셋째, 십자가가 두려워서 사람들 앞에서 그리스도와 그분의 말씀과 율법을 부인하는 사람들이 지옥의 두려운 고통에 처하게 될 것을 생각했다. 또한 그리스도께서 믿음과 사랑과 인내로써 사람들 앞에서 주를 시인하는 사람들을 위해 예비하신 영광도 생각해보았다. 내가 신앙을 지키는 것 때문에 나와 내 식구들이 당할지도 모를 시련을 생각하고 큰 근심에 사로잡혀 있을 때 위와 같은 생각들이 마음을 다잡는 데 큰 도움을 주었다.

믿음을 지키느라 추방당할까봐 몹시 조바심이 날 때 이 말씀을 떠올렸다.

돌로 치는 것과 톱으로 켜는 것과 시험과 칼에 죽는 것을 당하고 양과 염소의 가죽을 입고 유리하여 궁핍과 환난과 학대를

받았으니 (이런 사람은 세상이 감당치 못하도다) 저희가 광야와 산중

과 암혈과 토굴에 유리하였느니라 히 11:37,38

세상 사람들은 이 사람들이 자기들과 지내기에 너무 악하다고 여겼다. 또한 나는 다음 말씀도 상기했다.

오직 성령이 각 성에서 내게 증거하여 결박과 환난이 나를 기

다린다 하시나 행 20:23

추방과 유배를 당하면 그 처지가 얼마나 슬프고 고단할까 가끔 생각해보았다. 추방을 당해 유리하게 되면 굶주림과 추위와 여러 가지 위험과 헐벗음과 강도들과 무수히 비참한 일을 당하다가 결국 길 잃은 양처럼 쓸쓸히 객사할 것이었다. 그러나 감사하게도 이런 우울한 상념에 젖어 마음이 가라앉지 않고 오히려 더 힘을 내어 하나님을 바라보았다.

죽음에 대한 생각

한번은 여러 주 동안 몹시 슬프고 침체된 상태로 지낸 적이 있다. 그때 몹시 암울한 생각이 나를 괴롭혔다. 법률 지식이 전혀 없는 상태로 옥고를 치르다가, 젊은 나이에 결국 교수대에서 인생을 마감할 것만 같았다. 사탄은 그 순간을 놓치지 않고 나를 넘어뜨리기 위해서

이런 생각을 불어넣었다.

"그러나 네가 정말로 죽게 된다면 하나님께 속한 것들을 누리지도 못하고, 죽고 나서도 네 영혼이 지금보다 더 나은 상태에 들어간다는 보증도 없이 그냥 이 상태로 죽게 되면 어떻게 할 것인가?"

실제로 그때는 하나님에 관한 모든 것이 내 영혼에 가려져 있었다. 따라서 이 생각은 처음 들기 시작한 순간부터 내게 적지 않은 근심을 안겨주었다. 지금 상태로는 죽음을 맞이할 준비가 전혀 되지 않았다고 생각한 것이다. 죽는 것이 하나님의 뜻이라 할지라도 그럴 자신이 없었다. 혹시 용기를 내어 죽음을 향한 사닥다리를 벌벌 떨며 올라간다 해도, 이 상태에서는 잔뜩 겁에 질린 모습을 틀림없이 드러내고 말 것이고, 그러면 원수에게 하나님의 방식과 그 백성의 소심함을 조소할 빌미를 주게 될 것만 같았다.

그래서 사형으로 옥살이를 마감할 것만 같은 생각이 내 마음을 압박했다. 겁에 질린 창백한 얼굴을 하고 무릎을 덜덜 떨면서 죽는다는 게 여간 부끄러운 일이 아니라는 생각이 들었던 것이다. 그래서 하나님 앞에 무릎을 꿇고 나를 위로해달라고, 또 하나님이 분부하시는 일을 잘 인내하며 수행할 수 있는 힘을 달라고 기도드렸다. 하지만 위로는 찾아오지 않고 모든 게 막막했다. 이 무렵 죽음에 관한 생각에 사로잡혀 있었던 까닭에 목에 밧줄을 건 채 사닥다리를 올라가는 것 같은 기분을 자주 느꼈다.

이런 상황에서도 내게 격려가 되는 것이 있었다. 내가 사형당하는 날 구경하러 모인 군중 앞에서 마지막으로 복음을 전할 기회를 얻을 수 있겠다는 생각이었다. 만약 그런 기회가 주어지고, 또한 하나님께서 내 마지막 전도를 통해 한 영혼이라도 회심하게 하신다면 목숨을 잃어도 개의치 않을 수 있을 것 같았다. 그러나 하나님의 뜻은 조금도 눈에 보이지 않았으며, 시험자는 끊임없이 나를 따라다니면서 이렇게 속삭였다.

"그런데 죽으면 어디로 가야 하는가? 너는 어떻게 되는 것인가? 저 세상 어느 곳에서 깨어날 것인가? 네가 과연 천국과 영광과 거룩하게 된 자들 가운데 유업을 소유하고 있다고 할 만한 증거가 무엇인가?"

이런 생각에 시달리면서 여러 주를 전전긍긍하며 보냈다. 그러다 내가 지금 이런 처지에 놓인 것이 하나님의 말씀과 복음 때문이라는 확신이 들어 흔들리던 내 마음을 강하게 붙들어주었다. 그때부터는 한 치도 뒤로 물러서지 않기로 단단히 결심했다.

주께 모두 맡겨두리라

또한 하나님께서 내게 위로를 지금 당장 주실지 아니면 죽음을 앞둔 시점에 주실지는 알 수 없지만, 신앙고백은 버리고 말고 할 문제가 아니라고 생각했다. 나는 결박되어 있으나 주님은 자유로우시다는 것을 생각했다. 주께서 나를 항상 보살펴주시든지 아니면 마지막 순간에 가서야 건져주시든지 내가 상관할 바 아니고, 나는 주님의 말씀 위에 굳게 서면 그만이었다. 따라서 이렇게 결론을 내렸다.

이제는 내 의무를 다하면서, 그리스도께서 나를 이곳에서 위로하시든 그리하지 않으시든 상관없이 내 영원한 상태를 주님께 맡겨두리라. 만약 하나님께서 개입하지 않으신다면, 나는 눈을 질끈 감고 사닥다리에서 영원 속으로 뛰어내려 가라앉든 헤엄을 치든 천국에 닿든 지옥에 닿든 할 것이다.

"주 예수여, 저를 붙들어 건지고자 하신다면 저를 건져주옵소서. 하지만 그리 하지 않으실지라도 저는 주님의 이름을 위해 제 모든 것을 의뢰하겠나이다."

이런 결심을 하자마자 한 가지 말씀이 떠올랐다.

> 욥이 어찌 까닭 없이 하나님을 경외하리이까 욥 1:9

마치 고소인이 하나님 앞에서 나를 가리키며 "주여, 욥은 정직한 자가 아닙니다. 그는 현실을 고려하여 당신을 섬기고 있을 뿐입니다"라고 말하는 것 같았다.

> 주께서 그와 그 집과 그 모든 소유물을 산울로 두르심이 아니니이까 주께서 그 손으로 하는 바를 복되게 하사 그 소유물로 땅에 널리게 하셨음이니이다 이제 주의 손을 펴서 그의 모든 소유물을 치소서 그리하시면 정녕 대면하여 주를 욕하리이다
>
> 욥 1:10,11

'모든 것을 다 빼앗기더라도 하나님을 섬기고 싶은 마음이 드는 것이 정직한 영혼의 증표인가? 하나님을 버리지 않고 아무 대가없이 하나님을 섬기려는 자가 거룩한 사람인가? 그렇다면 하나님께 감사를 드리지 않을 수 없다. 하나님께서 내게 힘을 주셔서 비록 내 모든 고통과 시련에 대해서 아무 대가를 얻지 못해도 신앙을 저버리지 않기로 굳게 결심하였으니 내 마음이 정직하다고 볼 근거를 찾은 셈이다.'

그 생각에 잠겨 있을 때 시편 44편 12-26절 말씀이 떠올랐다. 그 말씀에서 풍성한 위로를 받았다. 내 마음이 신실하다고 볼 만한 근거가 생겼기 때문이다. 시련이 없었다면 이런 확신을 가질 수 없었을 것이다. 지금도 그 일을 생각할 때마다 큰 위로를 받으며, 그 일로 귀한 교훈을 깨우쳐주신 하나님께 한없는 찬송을 드리고 싶다. 하나님께서 내게 베풀어주신 은혜는 이것 말고도 엄청나지만, 전투에서 거둔 많은 전리품 가운데 이 글을 내놓아 주님의 집을 중수하는 길에 바치는 바이다 (대상 26:27 참조).

악을 선으로 바꾸시는 하나님의 은혜

　내 평생에 만난 시험들을 통틀어 하나님의 존재와 복음의 진실성을 의심한 것이 가장 악하고 견디기도 어려운 시험이었다. 이 시험이 올 때는 내게서 허리띠를 앗아갔고, 내가 딛고 서 있는 토대를 치워버렸다. 이 때문에 다음과 같은 말씀들을 많이 생각했다.

　진리로 너희 허리띠를 띠고 엡 6:14

　터가 무너지면 의인이 무엇을 할꼬 시 11:3

　하나님은 내게, 때로는 죄를 범하여 하나님의 손에 매섭게 회초리를 맞고 나서 하나님의 은혜를 발견하도록 하셨다. 어떨 때는 하나님의 은혜로 위로를 받았는데도 근심에 빠져드는 나 자신이 참으로 어리석어 보였다. 그런 다음에 다시 죄와 좌절의 나락으로 떨어지게 되면 위로 받을 길을 찾지 못해 전전긍긍했다. 이처럼 좌절과 은혜가 큰 힘과 무게로 내게 임했다.

그런데 너무 의아하고 궁금한 것 한 가지가 있었다. 하나님께서 내 영혼을 찾아주시고 하나님을 발견하는 큰 은혜를 베푸신 다음에, 왜 내 영혼이 그렇게 다시 심한 어둠에 갇혀서 하나님과 그분이 주신 위로로 새 힘을 얻었던 것을 기억하지 못했는지 이해되지 않았던 것이다.

나도 때로는 성경에서 이 세상을 살아가는 지혜보다 더 큰 지혜를 얻곤 했지만, 또 다른 때는 성경 전체가 마른 막대기처럼 보였다. 아니, 그보다 내 마음이 너무 무감각하고 메말라서 늘 새로워지고 싶었으나 그럴 꿈도 꾸지 못했다.

모든 두려움 가운데 최고의 두려움은 그리스도의 보혈 때문에 갖게 되는 두려움이다. 모든 기쁨 가운데 가장 달콤한 것은 그리스도의 고난을 슬퍼하는 마음이 담긴 기쁨이다. 그리스도를 품에 안고 하나님 앞에 무릎을 꿇는 것은 참으로 좋은 일이다. 이런 일들에 관해서 더욱 깊이 깨닫게 되면 좋겠다.

일곱 가지 가증스러운 성향

평생 살면서 내 마음에서 일곱 가지 가증스러운 점을 발견했다.

1. 불신앙으로 물러나려는 성향.
2. 그리스도께서 밝히 보여주신 사랑과 은혜를 돌연히 망각하는
   성향.
3. 율법의 행위에 의존하는 성향.
4. 기도할 때 중언부언하고 마음이 차갑게 식는 성향.
5. 무엇을 기도해야 할지조차 잊어버리는 성향.
6. 더 가진 게 없다고 불평하고, 가진 것에 대해서는 오용하는
   성향.
7. 하나님이 명하시는 일들을 하려 할 때 나의 부패한 성향이 꼭
   끼어드는 것.

> 그러므로 내가 한 법을 깨달았노니 곧 선을 행하기 원하는 나
> 에게 악이 함께 있는 것이로다 롬 7:21

나의 이런 성향들을 끊임없이 보고 느끼기가 괴롭고 힘들었지만,

지혜의 하나님께서는 오히려 이런 것들을 쓰셔서 유익하게 하셨다.

1. 나 자신을 혐오하게 한다.

2. 내가 내 마음을 신뢰하지 않도록 한다.

3. 생득적 의義로는 충분치 않음을 깨우쳐준다.

4. 예수님께 달려갈 필요를 깨우쳐준다.

5. 하나님께 기도하지 않을 수 없게 만든다.

6. 항상 깨어서 근실히 살아야 할 필요를 보여준다.

7. 나를 자극해 그리스도를 통해서 이 세상을 뚫고 지나가게
   도와달라고 하나님께 간구하는 심정을 일으킨다.

영혼의 순례자 존 번연

《번연의 생애와 시대》Bunyan's Life and Times의 저자 로버트 필립 Robert Philip 목사는 번연이 석방된 이후 생애에 관하여 다음과 같은 내용을 덧붙인다.

석방 그 후

번연이 감옥에서 나오게 된 것은 화이트헤드Whitehead라는 퀘이커 교도가 찰스 2세에게 청원하여 이뤄낸 결과였다. 번연은 석방된 후에 당대의 가장 유명한 설교자 중의 한 사람이 되었으며, 런던 시장 존 쇼터 경Sir John Shorter의 전속 목사는 아니었으나 그의 '스승'이 되었다.

그러나 이렇게 자유를 얻고 유명 인사가 되었어도 번연은 공적 활동을 하다가 위기가 닥칠 때면 몹시 두려워했다. 그럴 만한 이유는 있었다. 베너Venner의 음모 사건 때문에 수감생활 처음 6년이 아주 힘들었기 때문이다. 6년간의 수감생활을 마치고 출옥했으나 런던에서 화재火災가 발생하자 다시 수감되었다.

그리고 1685년에 제임스 2세가 권좌에 오른 직후 자신의 전 재산을 아내에게 양도했다. 그것은 그가 제프리스Jeffries 판사를 믿지 못했고, 낭트칙령(1598년에, 프랑스 국왕 앙리 4세가 종교전쟁을 종결시키기 위해 개신교에서 로마 가톨릭으로 개종한 뒤 개신교가 가톨릭과 공존할 수 있도록 관용을 허용한 법령-역자 주)이 철회될 것을 우려했다는 것으로밖에 설명되지 않는다.

당시는 다른 나라의 개신교 신자들이 신앙의 자유를 찾아 잉글랜드로 망명해오던 상황이었으나, 번연의 안전을 보장해주지는 못했다. 그것은 이상한 일이 아니었다. 베드포드의 판사들이 여전히 권력을 쥐고 있는 상황에서 번연은 자신이 다시 수감될 경우 가족이 어려움을 당하지 않게 할 목적으로 전 재산을 양도한 것이다. 그가 작성한 양도증서에는 아내의 위로를 얼마나 갈망했는지, 그리고 아내의 지혜를 얼마나 신뢰했는지 절절이 나타나 있다. 번연의 아내 엘리자베스는 그의 사랑과 신뢰를 받을 만한 여성이었다.

집필에 대한 열정

번연이 얼마 안 되는 전 재산을 양도하면서까지 무엇을 두려워했
든 간에, 제임스 2세의 재위 기간에는 아무런 피해도 입지 않았다. 그
는 제임스 2세가 즉위하던 1685년에 《바리새인과 세리》The Pharisee
and Publican를 펴냈다.

1688년, 그의 책을 출판한 찰스 도우Charles Doe는 "번연은 국왕 제
임스 2세가 양심의 자유를 허용한 시기에 여섯 권의 저서를 출판했
다"라고 말했다.

이 여섯 권이 도우의 목록에 실려 있다. 이것은 번연의 죽음에 관
해서도 많은 것을 시사한다. 그 짧은 기간 동안 다른 일을 다 접어두
고 오직 여섯 권의 책에만 매진했어도 그의 진액을 다 마르게 하기에
충분했다. 여섯 권의 책 중 마지막 권을 제외하면 책의 분량은 만만
치 않다.

도우는 또 이렇게 말했다.

"그는 여섯 권을 집필한 뒤에 다한증多汗症에 걸렸으며, 그러고는
몇 주 뒤에 숨을 거두었다."

대영박물관에 있는 번연에 관한 소개 글에는 이렇게 적혀 있다.

"비가 억수로 퍼붓던 날, 종일 여행을 하고 늦은 시각에 런던으로

돌아온 그는 스노 힐의 식료품 상점주인 스트러드윅 씨로부터 극진한 환대를 받았다. 그러나 번연은 곧 폐렴에 걸린 듯이 오한이 들고 몸을 덜덜 떨다가 갑자기 열이 올라 침대에 누웠지만 증세가 갈수록 더 심해졌다. 그는 자신이 이 세상을 떠날 시간이 머지않았음을 직감하고는 저 세상으로 가기 위한 준비를 했다. 그곳은 그가 이 땅에서 순례자와 객客으로서 인생의 황금기를 다 바쳐가며 걸어간 곳이었다."

사랑과 동정의 수고

그가 런던으로 돌아오기 전에 레딩을 찾아간 일을 두고 후대 사람들은 "사랑과 동정의 수고"로 평가해왔는데, 이제는 그것이 전에 알던 것보다 더 흥미로운 여행이었음을 알게 될 것이다. 번연은 다한증으로 이미 많이 쇠약해진 몸을 이끌고 레딩 방문을 강행했다. 번연이 그곳에 간 용건에 관해서는 아이비미 씨Mr. Ivimey가 남긴 기록에 잘 표현되어 있어서 그것을 인용하고자 한다.

"그의 생애에서 마지막에 한 일은 사랑과 동정의 수고였다. 번연의 이웃에 살던 한 젊은이가 아버지 눈 밖에 나면서 그 일로 몹시 마음고생을 하던 중에, 아버지가 자신에게 상속권을 박탈할 계획이라는 소식을 듣고는 번연이 아버지의 마음을 돌리게 할 적임자라고 판단했다. 선한 일이라면 무엇이든 마다하지 않았던 번연은 그 젊은이의 부탁을 흔쾌히 받아들여 그의 아버지가 있는 베드포드셔의 레딩으로 갔다. 그곳에서 어찌나 간곡한 설득과 논리로 그 아버지의 분노를 삭이고 사랑과 화해가 깃들게 했던지, 그 아버지의 마음이 봄눈 녹듯 녹았고 아들을 몹시 그리워하게 되었다.

번연은 일을 잘 성사시키고 나서 말을 타고 런던으로 돌아오는 길에 장대비를 만나 온몸이 흠뻑 젖은 채 숙소에 도착했다. 열이 올라 몸이 펄펄 끓는 가운데서도 그는 항심恒心과 인내를 발휘하여 잘 견뎠는데, 이제 이 세상을 떠나 그리스도와 함께 있고 싶은 마음뿐이라고 말했다. 이제는 속히 세상을 떠나는 것이 그에게 이득이었고, 목숨을 부지하는 것은 그토록 소망하며 살아온 지복至福이 지루하게 지연되는 것뿐이었다. 기력이 빠져나가는 것을 느낀 그는 그 짧은 순간에 정신을 추스르면서 세상의 일들을 정리했다.

그러고는 조금도 흔들림 없는 확신을 품고 열흘 동안 병고病苦를 치르다가 1688년 8월 31일에 예순의 나이로 자신의 영혼을 지극히 자비로우신 구주救主의 손에 의탁했다. 이로써 장망성將亡城을 떠나 새 예루살렘을 찾아 순례의 길을 나섰던 번연은 항상 감춰진 만나와 생명수를 묵상하고 사모하고 갈망하는데 인생의 좋은 부분을 보내다가 마침내 순례를 완수하게 되었다."

번연의 무덤은 번힐 필즈에 있다. 엘스토에 있는 그의 오두막집은 일부 현대식으로 개조되기는 했으나 상당 부분이 원형 그대로를 간직하고 있다. 베드포드에 있는 그의 기념 예배당에는 그가 사용하던 의자와 주전자, 《순교자 열전》, 교회 책 같은 유품들이 세심하게 보관되어 있다. 무엇보다 좋은 것은 그의 정신 또한 그곳에 보관되어 있다는 점이다.

죄인 괴수에게 넘치는 은혜

초판 1쇄 발행	2009년 6월 29일
초판 10쇄 발행	2014년 12월 12일

지은이	존 번연
옮긴이	이길상

펴낸이	여진구
기획·홍보	이한민
책임편집	강민정
편집 1팀	안수경, 이소현, 손유진, 이영주
편집 2팀	김아진, 최지설, 이수연
책임디자인	이혜영, 김유리	전보영, 서은진
마케팅	김상순, 강성민, 허병용, 이기름
마케팅지원	손동성, 최영배, 최태형
제작	조영석, 정도봉
경영지원	김혜경, 김경희

이슬비전도학교	엄취선, 전우순, 최경식
303비전성경암송학교	박정숙, 이지혜, 정나영
303비전장학회 &	
303비전꿈나무장학회	여운학

펴낸곳	규장

주소 137-893 서울시 서초구 양재2동 205 규장선교센터
전화 02)578-0003 팩스 02)578-7332
이메일 kyujang@kyujang.com 홈페이지 www.kyujang.com
트위터 twitter.com/_kyujang 페이스북 facebook.com/kyujangbook
등록일 1978.8.14. 제1-22

ⓒ 한국어 판권은 규장에 있습니다.
이 출판물은 저작권법에 의해 보호를 받는 저작물이므로 무단 전재와 무단 복제를 할 수 없습니다.

책값 뒤표지에 있습니다.
ISBN 978-89-6097-121-9 03230

규 | 장 | 수 | 칙

1. 기도로 기획하고 기도로 제작한다.
2. 오직 그리스도의 성품을 사모하는 독자가 원하고 필요로 하는 책만을 출판한다.
3. 한 활자 한 문장에 온 정성을 쏟는다.
4. 성실과 정확을 생명으로 삼고 일한다.
5. 긍정적이며 적극적인 신앙과 신행일치에의 안내자의 사명을 다한다.
6. 충고와 조언을 항상 감사로 경청한다.
7. 지상목표는 문서선교에 있다.

하나님을 사랑하는 자 곧 그 뜻대로 부르심을 입은 자들에게는 모든 것이 合力하여 善을 이루느니라(롬 8:28)

규장은 문서를 통해 복음전파와 신앙교육에 주력하는 국제적 출판사들의
협의체인 복음주의출판협회(E.C.P.A:Evangelical Christian Publishers
Association)의 출판정신에 동참하는 회원(Associate Member)입니다.